Oliver Schumacher
Verkaufen auf Augenhöhe
Wie Sie wertschätzend kommunizieren
und Kunden nachhaltig überzeugen –
ein Workbook

GABLER

Bibliografische Information der Deutschen Nationalbibliothek
Die Deutsche Nationalbibliothek verzeichnet diese Publikation in der
Deutschen Nationalbibliografie; detaillierte bibliografische Daten sind im Internet über
<http://dnb.d-nb.de> abrufbar.

1. Auflage 2011

Alle Rechte vorbehalten
© Gabler Verlag | Springer Fachmedien Wiesbaden GmbH 2011

Lektorat: Manuela Eckstein | Gabi Staupe

Gabler Verlag ist eine Marke von Springer Fachmedien.
Springer Fachmedien ist Teil der Fachverlagsgruppe Springer Science+Business Media.
www.gabler.de

Das Werk einschließlich aller seiner Teile ist urheberrechtlich geschützt. Jede Verwertung außerhalb der engen Grenzen des Urheberrechtsgesetzes ist ohne Zustimmung des Verlags unzulässig und strafbar. Das gilt insbesondere für Vervielfältigungen, Übersetzungen, Mikroverfilmungen und die Einspeicherung und Verarbeitung in elektronischen Systemen.

Die Wiedergabe von Gebrauchsnamen, Handelsnamen, Warenbezeichnungen usw. in diesem Werk berechtigt auch ohne besondere Kennzeichnung nicht zu der Annahme, dass solche Namen im Sinne der Warenzeichen- und Markenschutz-Gesetzgebung als frei zu betrachten wären und daher von jedermann benutzt werden dürften.

Umschlaggestaltung: KünkelLopka Medienentwicklung, Heidelberg
Satz: ITS Text und Satz Anne Fuchs, Bamberg
Druck und buchbinderische Verarbeitung: AZ Druck und Datentechnik GmbH, Berlin
Gedruckt auf säurefreiem und chlorfrei gebleichtem Papier
Printed in Germany

ISBN 978-3-8349-2937-2

Vorwort

Sehr geehrte Leserin!
Sehr geehrter Leser!

Es freut mich, dass Sie sich für dieses Verkaufsbuch entschieden haben. Sicher, es gibt eine Fülle von interessanter Verkaufsliteratur. Obwohl viele Bücher aus diesem Bereich sehr inspirierend und praxisnah geschrieben sind, messen sie der meiner Ansicht nach wichtigen Selbstreflexion beim Lesen zu wenig Bedeutung bei. Im vorliegenden Buch steht das Umsetzen des Gelesenen im Vordergrund. Sie werden als Leser eingebunden in das Verkaufen auf Augenhöhe. Das Nachdenken über das eigene Kommunikationsverhalten, die Arbeitsweise und den Umgang mit Kunden wird im vorliegenden Buch durch die vielen Fragen immer wieder angestoßen. Auf diese Weise bleibt das Wissen besser haften und kann dann auch in der Praxis erfolgreicher umgesetzt werden.

Sie haben nun mit diesem Workbook ein Werkzeug in der Hand, das Ihnen hilft, Ihre Einstellungen und Gewohnheiten zu überprüfen, zu ändern und Neues im Verkauf zu erreichen. Das Buch ist aus folgenden Gründen wichtig für Sie:

1. Sie lernen unterschiedliche Kommunikationsmodelle kennen und erfahren unter anderem, weshalb manche vertrackten Verkaufssituationen gar nicht anders ablaufen konnten.

2. Sie werden aus Ihrem Verkaufsalltag abgeholt – gleichgültig, ob Sie nun Außendienstmitarbeiter, Führungskraft, Geschäftsführer oder Mitarbeiter in einem Ladengeschäft sind. Die Aufnahme des Wissens gelingt problemlos, weil Sie sich in die einzelnen geschilderten Situationen hineinversetzen können. Das neue Denken und Handeln wird Ihnen leicht fallen.

3. Dieses Buch hat einen sehr hohen Praxisbezug. Die zahlreichen Übungsaufgaben – im Buch als „Reflexion/Übung" bezeichnet – sind praxisnah und anschaulich formuliert. Die Fragestellungen regen zum Nachdenken und Umsetzen an. Sie handeln zukünftig reflektierter und zielgerichteter. Sie verkaufen auf Augenhöhe.

Dieses Lernbuch hat zwei unterschiedliche Kategorien von Aufgaben. Diese Aufgaben machen die wesentliche Besonderheit dieses Buches aus und grenzen es somit von gängiger Verkaufsliteratur deutlich ab. Es gibt Aufgaben zur Übung und zum Reflektieren: Besprechen und lösen Sie diese bitte allein für sich oder gemeinsam mit Kollegen. Außerdem finden Sie am Ende jedes Kapitels Einsendeaufgaben. Als Käufer dieses Buches haben Sie die Möglichkeit, mir diese zu senden und sie kostenlos kommentiert von mir zurückzubekommen. Bitte schicken Sie mir alle Einsendeaufgaben auf einmal, nachdem Sie das Buch komplett durchgearbeitet haben. Das erleichtert uns beiden die Arbeit und gibt mir die Möglichkeit, Ihre gesamten Fertigkeiten besser einzuschätzen und diese insgesamt bei meiner persönlichen Antwort zu berücksichtigen.

Es ist mir also wichtig, dass Sie tatsächlich vorankommen. Aus diesem Grund habe ich ein „Lernbuch" geschrieben und kein „normales" Verkaufsbuch. Denn ich bin der Meinung, dass Seminare und Bücher nur dann gut sind, wenn sie wirklich zu einer Veränderung führen.

Bezüglich der Anrede werden Ihnen im folgenden Text vielleicht schnell zwei Punkte auffallen. Zum einen schreibe ich ausschließlich in der männlichen Form. Nicht, weil ich von Frauen nichts halte, sondern weil mir persönlich dieser Schreibstil besser liegt und ich aus Gründen der Lesbarkeit eine Entscheidung treffen musste.

Zum anderen spreche ich Sie als Verkäufer an. Ich betone das, weil sogar Menschen, die ihr Geld ausschließlich auf Provisionsbasis verdienen, mit der Anrede Verkäufer häufig nicht zufrieden sind – sie nennen sich meist lieber Kundenberater, Repräsentant, Sales Consultant oder ähnlich. Mir ist die Bezeichnung Verkäufer aber wichtig. Wenn Sie für Umsätze und Gewinne verantwortlich und vielleicht als Architekt, Arzt, Handwerker oder Unternehmer unterwegs sind, kommt es entscheidend darauf an, dass Sie sich tatsächlich als Verkäufer verstehen. Sie müssen sich immer wieder darüber im Klaren sein, dass Sie Geld gegen Leistung wollen. Diese Sichtweise hilft ungemein, wenn Sie auf Augenhöhe verkaufen wollen.

In diesem Buch werden Sie in die unterschiedlichsten Themenbereiche der Kommunikation eingeführt. Das Spektrum reicht von der Transaktionsanalyse über das Vier-Ohren-Modell zu „Kommunikationssperren" bis hin zu verschiedenen Techniken des Fragens und Zuhörens sowie des Umgangs mit Gesprächsbeiträgen, die uns den Alltag manchmal erschweren. Manche Themen werden sehr tief behandelt, andere etwas kompakter. Es gilt, Sie für die vielfältigen Möglichkeiten und Entwicklungsbereiche zu sensibilisieren und Sie dabei zu unterstützen, mehr Verantwortung für das kommunikative Ergebnis in Ihrem Verkaufsalltag zu übernehmen.

Es ist nicht Anspruch dieses Buches, Tipps zu geben nach dem Motto „Tue dies, dann passiert jenes!". Ziel ist es vielmehr, Sie nachdenklich zu machen, möglicherweise auch ein bisschen aufzurütteln. Denn nur, weil viele behaupten, das eine sei richtig, das andere falsch, muss das noch lange nicht für Sie gelten. Vielmehr sollen Sie aus diesem Buch Kraft und Mut schöpfen, um authentisch zu sein und Dinge zu tun, die vielleicht auch aus Ihrer Sicht zunächst noch gewagt erscheinen. Letztlich ist es wichtig, dass Sie mit dem Kunden gemeinsam das Ziel erreichen und Sie beide sich damit wohl fühlen – sowohl vor der Verkaufsverhandlung, währenddessen und auch lange Zeit danach.

Hin und wieder gebe ich zur Verdeutlichung Formulierungsvorschläge. Bitte berücksichtigen Sie, dass es Vorschläge sind. Jeder Mensch hat eine bestimmte Art und Weise, Dinge zu formulieren und zu verstehen – deswegen liegt es an Ihnen, diese gegebenenfalls weiterzuentwickeln. Bleiben Sie als Mensch und Persönlichkeit natürlich. Benutzen Sie also keine auswendig gelernten Standardformulierungen, die nicht zu Ihnen passen und den Eindruck erwecken, als kämen Sie gerade frisch von einem Seminar.

Letztlich sind Sie selbst verantwortlich für das, was Sie tun, und auch für das, was Sie nicht tun. Dieses Buch wird Ihnen entscheidend dabei helfen, wie Sie zukünftig mehr das machen, was Sie im Verkauf als Mensch und Verkäufer voranbringt – und zwar im Sinne Ihrer (zukünftigen) Kunden. Die in diesem Lernbuch vorgestellten Konzepte zeigen Ihnen, wie Sie wertschätzend verkaufen – nämlich auf Augenhöhe.

Ich freue mich, Ihnen mit diesem Buch nützlich zu sein.

Gute Verkaufsresultate
wünscht

Oliver Schumacher

PS: Einige Formulare und Inhalte speziell für Leser dieses Buches können Sie von meiner Webseite *www.verkaufsresultate.de* herunterladen.

Inhaltsverzeichnis

Vorwort 5

1. Kapitel: Wie Sie Verhalten besser verstehen:
   die Transaktionsanalyse 13
   1.1 Grundlagen............................ 13
   1.2 Das Eltern-Ich 18
   1.3 Das Kindheits-Ich 24
   1.4 Das Erwachsenen-Ich 28
   1.5 Transaktionsformen 30
   1.6 Verhaltensmöglichkeiten in der Praxis 38
   1.7 Tipps zur Anwendung der Transaktionsanalyse .. 41
   1.8 Ihre persönliche Zielvereinbarung 44
   1.9 Einsendeaufgaben....................... 45

2. Kapitel: Warum es so ist, wie es ist:
   Kommunikationsmodelle und Grundlagen 47
   2.1 Kommunikationsquadrat 47
   2.2 Selbstbild und Fremdbild................. 51
   2.3 Kommunikationssperren 54
   2.4 Tugenden 59
   2.5 Verkaufsstile........................... 61
   2.6 Ziele und Alltagssorgen................... 63
   2.7 Kaufkonflikte 66
   2.8 Nutzen 68

2.9 Ihre persönliche Zielvereinbarung   77
2.10 Einsendeaufgaben   78

3. Kapitel: Warum Fragen unterschiedlich wirken: der bewusste Einsatz geschickter Frageformen   79

3.1 Frageformen   79
3.2 Fortschritte statt Fortsetzungen   88
3.3 Fragen jenseits typischer Verkäuferkommunikation   91
3.4 Problem-, Auswirkungs- und Nutzenfragen   96
3.5 Kundenergründung mit dem Fragetrichter 101
3.6 Empfehlungen für schriftliche Angebote 106
3.7 Fragen für die Angebotsverfolgung 108
3.8 Fragen zur Motivation und Einstellung 111
3.9 Abschlussfragen 112
3.10 Ihre persönliche Zielvereinbarung 118
3.11 Einsendeaufgaben 119

4. Kapitel: Wie alle mehr mitbekommen: zuhören ist nicht gleich zuhören 121

4.1 Grundlagen 121
4.2 Schweigen ist nicht unbedingt zuhören 123
4.3 Warum nicht alles beim Kunden ankommt 131
4.4 Paraphrasieren und Verbalisieren 135
4.5 Aktives Zuhören 137
4.6 Wie man Sie leichter versteht 152
4.7 Ihre persönliche Zielvereinbarung 157
4.8 Einsendeaufgaben 158

5. Kapitel: Wie Sie „Störungen" geschickter behandeln: der Umgang mit Wortbeiträgen 159

5.1 Ungeliebte Einwände 159
5.2 Kunden „erlösen" 174
5.3 Das „große Ganze" sehen 177
5.4 Nachfragen 179
5.5 Fakten einsetzen 182
5.6 Anregungen für Preisverhandlungen 185
5.7 Ihre persönliche Zielvereinbarung 191
5.8 Einsendeaufgaben 192

Schlusswort 193

Literaturquellen 197

Stichwortverzeichnis 201

Der Autor 203

1. Kapitel: Wie Sie Verhalten besser verstehen: die Transaktionsanalyse

1.1 Grundlagen

An einem Samstagmorgen saß ich mit meiner Freundin in einem Café. Dort war viel los, sodass die Plätze an den Fenstern bereits belegt waren. Deshalb saßen wir mitten im Raum und beschäftigten uns mit der Speisekarte. Nach ein paar Minuten kam die Bedienung, und wir gaben unsere Bestellung auf. Wir gingen davon aus, dass es nun ein wenig länger dauern würde. Aber es lief besser als gedacht. Ich bekam meinen Milchkaffee mit einem belegten Brötchen und meine Freundin ihren Tee. Nun fehlte nur noch ihr Essen – Schinkenbrot mit Rührei. Wie es sich gehört, fing ich noch nicht mit dem Essen an. Wir nippten an unseren Getränken und warteten auf den Rest. Als nach einigen Minuten – gefühlten 20 Minuten – immer noch nichts passierte, entschieden wir uns, die Bedienung zu rufen und sie darauf aufmerksam zu machen, dass wir noch nicht alles bekommen haben. Die Bedingung beachtete uns nicht, doch da sie gerade in unserer Nähe war, hob ich meinen rechten Arm und rief ihr wegen des Stimmengewirrs bewusst etwas lauter zu: „Entschuldigen Sie bitte, haben Sie noch etwas vergessen?" Laut aufgebracht entgegnete die Bedienung: „Na, hören Sie mal, wir machen das frisch, das dauert seine Zeit! Wir können doch nicht hexen – Sie sehen doch, dass es hier voll ist!"

Ich war ein wenig perplex. Sie hat meine Frage als Angriff gewertet und entsprechend reagiert. Eine solche Antwort hätte ich erwartet, wenn ich sie persönlich beschimpft oder gesagt hätte: „Wenn Sie mit Ihren Privatgesprächen am Nachbartisch fertig sind und es Ihre Gewerkschaft zulässt, dass Sie Ihre Kunden auch zu Ende bedienen, dann wäre es sehr schön, wenn Sie es fertigbrächten …". Mit dieser Reaktion hat sie die Beziehung zwischen uns und dem Café nachhaltig gestört. Seit über einem Jahr sind wir nun nicht mehr dort gewesen. Warum nicht?

- Durch ihre Reaktion wirkte sie auf mich überfordert und unprofessionell.
- Mein Hinweis war wirklich gut gemeint. Sie interpretierte ihn aber als Angriff, und ich fühlte mich in diesem Moment unwohl.
- Ich habe keine Lust, für teures Geld alte belegte Brötchen zu essen. Denn die werden anscheinend nicht frisch gemacht, sonst hätte ich darauf ja auch warten müssen.

Sicherlich kann man nun dieses Beispiel als Lappalie abtun. Viele werden jetzt vielleicht sogar sagen, dass es doch nicht fair ist, über eine gestresste Bedienung herzuziehen. Möglicherweise wurde sie, wie leider sehr oft üblich, nicht einmal vernünftig eingewiesen. Aber mir geht es um etwas anderes: Wie reagieren Sie eigentlich auf Wortbeiträge oder in Situationen, die Ihnen beim Verfolgen Ihrer Ziele hinderlich oder unpassend erscheinen?

Kann es sein, dass Sie vielleicht hin und wieder

- gereizt auf Fragen von Kunden reagieren, weil diese immer wieder die gleichen „dummen" Fragen stellen und anscheinend nicht begreifen können, was Sie meinen, oder möglicherweise gar nicht wollen?
- teilweise so „unter Strom stehen", weil Sie viele Dinge gleichzeitig erledigen müssen, dass Sie Ihrem Kunden durch Ihr Verhalten oder Ihre Aussagen das Gefühl vermitteln, er störe Sie im Moment mit seinem Anruf oder seiner Äußerung?
- auf manche Aussagen des Kunden keine wertschätzende Antwort haben und sich plötzlich etwas sagen hören, was Sie im Nachhinein bedauern?

Oder umgekehrt:

- Sprechen einige Kunden oder Vorgesetzte mit Ihnen manchmal so provokant, dass Ihnen beinahe oder sogar tatsächlich „der Kragen platzt"?
- Kennen Sie Menschen, bei denen Sie sich wohlfühlen, weil sie so wertschätzend mit ihren Mitmenschen umgehen und stets auf der Suche nach Lösungen sind und nicht nur in Problemen denken?
- Fallen Ihnen Personen ein, die in manchen Situationen nahezu mit kindlicher Freude und Spaß extrem kreativ und erfolgreich sind – obwohl sie erwachsen sind?

Zum besseren Verständnis von Konflikten und auch der Kommunikation allgemein hilft die Transaktionsanalyse. Eric Berne (1910 – 1970) und Thomas Anthony Harris (1910 – 1995) haben die Transaktionsanalyse wissenschaftlich begründet und in der Praxis erprobt. Diese besagt, dass der Sender einer Botschaft mit Verhaltenssignalen, egal ob verbal oder nonverbal, immer aus einem Ich-Zustand auf den Empfänger der Botschaft wirkt. Der Empfänger reagiert unterschiedlich, je nachdem, welcher seiner Ich-Zustände angesprochen wurde bzw. aus welchem Ich-Zustand er sich angesprochen fühlt. Bei der Transaktionsanalyse handelt es sich nicht um eine Technik, die man einfach so erlernen und anwenden kann. Sie ist vielmehr ein Modell, das menschliches Verhalten erklärt. Durch die Anwendung werden Sie eigenes und fremdes Verhalten besser analysieren und letztlich leichter verstehen können.

Vielleicht haben Sie eine vergleichbare Situation in Ihrem Verkaufsalltag schon einmal erlebt: Sie reden mit einem Kunden, alles scheint einen guten Verlauf zu nehmen – und plötzlich kippt die Atmosphäre. Möglicherweise hat jemand eine Bemerkung gemacht, die ein anderer in den „falschen Hals" bekommen hat. Eventuell hat ein Beteiligter etwas gesagt, was beim Anderen „den Hut hochgehen" ließ, als ob er bei diesem auf einen „Jetzt-raste-aus-Knopf" gedrückt hat. Möglicherweise haben Sie schon einmal ein Gespräch mitbekommen, das immer hitziger und aggressiver wurde. Als Außenstehender konnten Sie vielleicht erkennen, was der Stein des Anstoßes war – doch als Beteiligter merkt man das nicht unbedingt, weil man häufig zu sehr mit sich und seiner Verteidigung des eigenen Standpunkts beschäftigt ist. Allerdings gibt es auch Vorgesetzte oder Verkäufer, die nahezu alle mögen. Was machen solche Menschen anders? Wieso können einige Leute andere ausschimpfen, ohne zu beleidigen, während man mit anderen am liebsten für den Rest seines Lebens nichts mehr zu tun haben möchte, weil man so gekränkt wurde?

Selbst Führungskräfte mit akademischem Hintergrund zeigen nicht immer das beste Kommunikationsverhalten. Ich sage das ganz bewusst, denn viele von uns nehmen sich speziell schlechtes Kommunikationsverhalten von Ranghöheren unnötigerweise sehr zu Herzen und schwächen damit ihr Selbstwertgefühl. Das Fatale an solchen Situationen ist, dass das Besprechen eines bestimmten Verhaltens oder Sachverhalts einen Lerngewinn für den Empfänger darstellen könnte, aber die Botschaft aufgrund der verbalen Verpackung nicht ankommt. Dadurch ist die Beziehung oft nachhaltig gestört. So erlebte ich persönlich einen harschen Monolog einer Führungskraft unter vier Augen, der mit den Worten „Es steht Ihnen nicht zu, mir zu widersprechen!" endete. Wenn Führungskräfte solche Aussagen machen, geht es wahrscheinlich weniger um den Inhalt, sondern mehr um die Festlegung der Hackordnung. Doch das merkt man als Betroffener manchmal erst dann, wenn man später weniger emotional zurückblickt oder sich mit Kommunikationsmodellen wie beispielsweise der Transaktionsanalyse beschäftigt. Wahrscheinlich würde sich die besagte Führungskraft heute wundern (wenn ich ihr nach etlichen Jahren wieder begegnen sollte), wieso sie eine gewisse Abneigung von meiner Seite spürt. Für diese Führungskraft wird das damals Geschehene keine Bedeutung mehr haben und sozusagen abgehakt sein. Für mich hat diese Führungskraft jedenfalls an Kompetenz verloren.

Jeder Mensch ist meiner Auffassung nach für eine angemessene Kommunikation verantwortlich. Ranghohe Personen sollten in diesem Zusammenhang an ihre Vorbildfunktion denken. Generell sollten Personen mit viel Menschenkontakt – also somit nicht nur Führungskräfte, sondern gerade auch Verkäufer – hier eine besondere Verantwortung übernehmen und ihre Kommunikation regelmäßig überprüfen.

Es wird wahrscheinlich allen Menschen immer wieder einmal passieren, dass Gespräche ganz anders verlaufen als geplant. Viele Menschen sind Meister darin, unangenehme Gespräche zu verdrängen oder einfach den Gesprächspartner abzustempeln mit pauschalen Wertungen wie „Der ist einfach zu doof!" oder „Wenn ich in seiner Nähe bin, dann fühle ich mich durch seine Aussagen einfach nicht wohl. Das ist eben so." Doch bringt uns solch ein Verhalten – nicht nur verkäuferisch, sondern auch menschlich – wirklich weiter? Wohl eher nicht. Es wäre wenig sinnvoll, wenn Sie als Sender nur dem Empfänger die Verantwortung überlassen würden, mit Ihrer Botschaft zurechtzukommen.

Mithilfe der Transaktionsanalyse lernen Sie nun, sich selbst besser zu verstehen und sowohl gute als auch schlechte Gesprächsergebnisse zu reflektieren. Die Transaktionsanalyse wird Ihnen helfen, Ihr Verhalten besser zu kontrollieren, eigenverantwortlicher zu lenken und letztlich gezielter zu kommunizieren.

Die Transaktionsanalyse unterscheidet zwischen drei verschiedenen Ich-Zuständen. Jeder einzelne Ich-Zustand spiegelt andere Empfindungs- und Verhaltenszustände wider:

- Eltern-Ich
- Erwachsenen-Ich
- Kindheits-Ich

Letztlich wird der jeweilige Ich-Zustand aufgrund von bisherigen Erfahrungen bzw. gespeicherten Informationen herbeigeführt. Es sind nicht nur Bilder, Zeitpunkte, Orte und dergleichen abgelegt, sondern auch Entscheidungen und Empfindungen. Somit unterscheiden sich die aufgeführten Zustände nicht nur, sie stehen sogar teilweise im Widerspruch zueinander. Menschen können binnen kürzester Zeit zwischen diesen Zuständen springen und verändern entsprechend ihren Kommunikationsstil. Somit hat jeder Mensch die Möglichkeit, sich aus diesen drei Zuständen zu erleben und ebenso zu verhalten.

Die nachfolgenden Indizien für die einzelnen Ich-Zustände haben nicht den Anspruch, generell gültig zu sein. Sie sollen ausschließlich eine Tendenz aufzeigen, die mit hoher Wahrscheinlichkeit den entsprechenden Ich-Zustand charakterisiert. Denn letztlich zählt das gesamte Zusammenspiel von Wörtern, Sätzen, Sprechgeschwindigkeit, Stimmklang, Gestik, Mimik und Körperhaltung.

1.2 Das Eltern-Ich

Im Eltern-Ich ist alles dauerhaft gespeichert, was Sie als Kind von der Geburt bis zur Einschulung von Ihren Eltern mitbekommen haben. Nicht nur das, was sie zu Ihnen gesagt haben, sondern auch alles, was Sie von Ihren Eltern gesehen und gehört haben. Somit sind in Ihrem Eltern-Ich unter anderem die damaligen Gebote und Verbote, Gestiken und Mimiken sowie Stimmlagen und Zuneigungen gespeichert. Angesichts der Tatsache, dass diese Einstellungen in frühester Kindheit von Autoritäten herrühren, gelten die gespeicherten Botschaften in Ihrem Eltern-Ich als Wahrheit – egal wie „gut" oder „schlecht" Ihre Eltern waren. Denn letztlich muss bzw. soll jedes Kind seinen Eltern gehorchen bzw. will ihnen gefallen – und das kann es nur dann, wenn es die „Spielregeln" der Eltern akzeptiert und umsetzt. Das Eltern-Ich setzt sich aus zwei Phasen zusammen: dem unterstützenden (bzw. fürsorglichen oder natürlichen) Eltern-Ich und dem kritischen (bzw. kontrollierenden) Eltern-Ich.

In diesem Eltern-Ich sind nicht nur Ihre Eltern gespeichert, sondern auch deren Stellvertreter. Stellvertreter sind beispielsweise

Ihre älteren Geschwister, die Großeltern oder aber auch die Einflüsse des Fernsehens und anderer Medien. Ihr heutiges Gewissen wurde über diese entscheidend beeinflusst.

Verhaltensweisen des unterstützenden Eltern-Ich:

- Positive Wertungen und Aufmunterungen
- Verständnis und Geduld
- Hilfe und Trost

Beispielformulierungen:

- „Das wird schon alles wieder."
- „Es ist nicht schlimm, wenn Sie nicht rechtzeitig fertig werden."
- „Kann ich Ihnen dabei helfen?"

Verhaltensweisen des kritischen Eltern-Ich:

- Negative Wertungen und Schwarzweiß-Denken
- Verallgemeinerung und Moralisierung
- Zurechtweisung und Bestrafung

Beispielformulierungen:

- „Ich habe Ihnen bereits oft genug gesagt, dass …"
- „Vergessen Sie niemals, ich habe damals …"
- „Oh nein, was haben Sie sich dabei denn gedacht?"

Reflexion/Übung 1

Nehmen Sie sich ein wenig Zeit und beobachten Sie sich selbst. Sie werden merken, dass Sie auch heute noch regelmäßig Verhaltensmuster anwenden, die Sie in frühester Kindheit von einer Autorität unkritisch übernommen haben. Wo spielt Ihr „inneres Tonband" Gebote und Verbote sowie Prinzipien und Maximen? Vielleicht sind es bestimmte Tabu-Themen, über die auch Ihre Eltern nie sprachen, gewisse Gestiken und Körperhaltungen oder Verhaltensregeln in bestimmten Situationen. Welche fallen Ihnen ein? Sind Ihnen diese noch heute eher hinderlich oder nützlich?

Reflexion/Übung 2

Möglicherweise haben Kunden Ihnen gegenüber Vorurteile. Woran liegt das wohl? Was können Sie tun, damit zukünftig die Wahrscheinlichkeit sinkt, dass es weitere Kunden gibt, die Ihnen gegenüber Vorurteile haben?

Reflexion/Übung 3

Sehr wahrscheinlich haben aber auch Sie manchen Kunden gegenüber Vorurteile. Woran könnte das liegen? Wie können Sie erreichen, dass Sie zukünftig weniger Kunden in bestimmte Schubladen stecken?

Antreiber

Auch heute noch werden Sie von Eltern-Botschaften beeinflusst. Sollten diese Normen für Sie immer gelten, so handelt es sich dabei um Antreiber. Wenn Sie in sich hineinhorchen, werden Sie vielleicht merken, dass Sie manchmal bestimmte Verhaltensweisen an den Tag legen, weil Sie in sich ein „Müssen", „Sollen" oder „Nichtdürfen" spüren.

Hier einige **Beispiele:**

- *„Sei perfekt!"*
  Manche Menschen wollen immer hundertprozentige Arbeit abliefern. Das Problem ist, dass sie damit überdurchschnittlich viel Zeit investieren und manchen Dingen zu viel Aufmerksamkeit schenken, obwohl es objektiv gesehen gar nicht erforderlich ist. Diese Menschen übertragen ungewollt Ängste auf ihre Umgebung. Sie haben Angst, dass etwas schiefgehen könnte. Macht ein anderer einen Fehler, so fällt die Kritik an den „Schuldigen" oft zu stark aus. Unterläuft diesen perfektionistischen Menschen selbst ein Fehler, fangen sie schnell wieder mit der gleichen Arbeit von vorne an.

- *„Streng dich an!"*
  Solche Menschen strengen sich selbst immer an und erwarten dieses auch von ihrer Umgebung. Unbewusst wählen sie häufig einen komplizierten Lösungsweg, statt die einfachere Alternative. Sie sprechen oft sehr lange, ohne die gestellte Frage konkret zu beantworten.

- *„Beeil dich!"*
  Alles ist für diese Menschen schnell zu erledigen, möglichst mehrere Dinge gleichzeitig. Das führt dazu, dass schnelle Antworten erwartet werden und auch Antworten von ihnen nicht bis zu Ende angehört werden. Durch den ständigen selbst auferlegten Zeitdruck wirken solche Menschen auch rasch zer-

streut und oberflächlich. Die Konsequenz ist, dass sie dadurch selbst häufig zu spät sind.

- *„Sei gefällig!"/„Sei anderen zu Gefallen!"*
  Wesentlich für diese Menschen ist, was andere von ihnen erwarten. Die eigenen Wünsche und Bedürfnisse sind zweitrangig. Es fällt ihnen schwer, nein zu sagen. Ihre größte Angst ist es, ihre Umgebung zu enttäuschen. Sie erwarten von ihrer Umgebung Rücksichtnahme.

- *„Sei stark!"*
  Hilfe annehmen wird von diesen Menschen als Schwäche ausgelegt. Sie wollen ein Vorbild für die anderen sein, indem sie sich zusammenreißen. Sie möchten, dass man zu ihnen aufschaut. Sollte dieses nicht der Fall sein, wird ihnen schnell langweilig. Dann wirken sie auf andere leicht arrogant und schwach. Dabei wollen sie doch das Gegenteil erreichen.

Diese Antreiber lassen sich mit so genannten „Erlaubern" schwächen, weil dann etwas nicht mehr getan werden muss, sondern getan werden darf. Also vom „Müssen" zum „Dürfen":

Antreiber	Erlauber
Sei perfekt!	Du bist gut genug, so wie du bist!
Streng dich an!	Tue es!
Beeil dich!	Nimm dir Zeit!
Sei gefällig!/ Sei anderen zu Gefallen!	Sei dir selbst zu Gefallen!
Sei stark!	Sei offen und drücke deine Wünsche aus!

Sollten Sie einen starken Antreiber in sich haben, dann versuchen Sie, diesen abzuschwächen, indem Sie sich bewusst die entsprechende Erlaubnis geben. Das setzt voraus, dass Sie für sich bewusst den Antreiber erkannt haben und diesen in dieser Ausprägung nicht mehr möchten. Dazu ist viel Selbstdisziplin notwendig, denn ad hoc lässt sich so ein Antreiber nicht reduzieren. Schließlich haben Sie jahrelang dazu gebraucht, um so zu werden, wie Sie jetzt sind. Wahrscheinlich haben Sie sich sogar schon sehr an Ihre(n) Antreiber gewöhnt – vielleicht bemerken Sie dies(e) nicht einmal selbst, wundern sich aber über das Feedback Ihrer Umgebung. Hilfreich ist es, wenn Ihre Umgebung Sie verbal und nonverbal bei der Entwicklung Ihres Erlaubers unterstützt und Sie dieses wirklich zulassen.

Reflexion/Übung 4

Überlegen Sie, welche(r) Antreiber in Ihnen sehr stark ausgeprägt ist/sind und Sie eigentlich mehr behindert als nützt. Gibt es Aufgaben, die Sie nur anfangen, aber nicht beenden? Packen Sie sich den Terminkalender so voll, dass Sie eigentlich schon bei der Terminvergabe wissen, dass Sie nicht pünktlich sein werden? Manchmal ist es schwer, selbst eigene Antreiber zu erkennen – schließlich hat man sich ja über die Jahre hinweg an sie gewöhnt. Fragen Sie gegebenenfalls Menschen Ihres Vertrauens.

_____

_____

_____

_____

_____

_____

Reflexion/Übung 5

Überlegen Sie doch mal, ob Sie bestimmte Kunden haben, die ganz offensichtlich von einem Antreiber getrieben werden. Wie können Sie beim nächsten Gespräch verbal und nonverbal für Entspannung sorgen?

_____

_____

_____

_____

_____

1.3 Das Kindheits-Ich

In Ihrem Kindheits-Ich sind die Dinge abgelegt, welche Sie als Kind bis zur Einschulung wahrgenommen haben. Sie haben diese Dinge gesehen, gehört, empfunden, verstanden und somit gelernt. Der Großteil dieser Eindrücke beruht auf Gefühlen. Kinder können den Spagat zwischen angeborenen Zwängen, wie beispielsweise alles anfassen und erkunden zu müssen, und der belohnenden elterlichen Anerkennung nicht meistern. Denn wie soll ein Kind den Zusammenhang zwischen Ursache und Wirkung verstehen? Das bedeutet, dass selbst Kinder mit „guten" Eltern schnell den Glaubenssatz in sich entwickeln: „Ich bin nicht o.k."

Wenn Erwachsene sich in die Enge getrieben fühlen, dann kommt sehr schnell das Kindheits-Ich hervor. Die abgespeicherten Gefühle aus früherem Frust, Ablehnung oder Einsamkeit überwältigen den Verstand des Erwachsenen und zwingen ihn zum „kindlichen" Verhalten.

Doch auch positive Eindrücke und Erfahrungen sind im Kindheits-Ich gespeichert: Kreativität, Neugier, Abendteuerlust, Interesse am Anfassen, Empfinden und Lernen sowie Gefühle in Verbindung mit Erfahrungen, die wir zum ersten Mal gemacht haben. Hierauf beruht letztlich die Einstellung „Ich bin o.k." als Gegenpol zum „Ich bin nicht o.k."

Es gibt in der Transaktionsanalyse vier Lebensanschauungen:

- *Ich bin nicht o.k. – Du bist o.k.*
  Führt zur Haltung, Problemen gerne ausweichen zu wollen
- *Ich bin nicht o.k. – Du bist nicht o.k.*
  Fördert das Verhalten, nicht auf Probleme zu reagieren
- *Ich bin o.k. – Du bist nicht o.k.*
  Probleme werden gerne auf andere abgewälzt
- *Ich bin o.k. – Du bist o.k.*
  Ermöglicht konstruktive Sicht der Probleme

Nach Harris überwiegt die innere Grundeinstellung „Ich bin nicht o.k.". Ein Kind entscheidet sich bis zum dritten Lebensjahr unbewusst für eine der ersten drei Lebensanschauungen aufgrund seiner Gefühle. Die Lebensanschauung der vierten Variante kann ein Mensch nur durch bewusste Entscheidung einnehmen, da sie auf Gedanken, Glauben und Einsatzbereitschaft beruht.

Möglicherweise empfinden Sie diese Lebensanschauungen als etwas abstrakt. Doch kann es sein, dass Sie sich gegenüber manchen Menschen durch Vergleiche kleiner fühlen? Gibt es vielleicht Kunden, denen Sie jegliche Kompetenz und Fähigkeit absprechen? Sind diese Ihrer Ansicht nach eigentlich gar nicht würdig, von Ihnen besucht zu werden? Oder haben Sie es selbst schon einmal erlebt, dass Sie ein Geschäft betreten haben, wo die

Blicke der Mitarbeiter Ihnen sagten: „Du gehörst hier nicht zu uns! Schau dich doch mal an!"?

Reflexion/Übung 6

Was würde es für Sie bedeuten, wenn Sie sich bewusst für die vierte Lebensanschauung „Ich bin o.k. – Du bist o.k." entscheiden würden? Was würde es für Ihre Persönlichkeit und auch für Ihre Verkaufsresultate bedeuten, wenn Sie neutraler an manche Menschen und Situationen herangehen würden? Natürlich geht das nicht von heute auf morgen – aber nur wenn Sie etwas versuchen, dann können Sie es vielleicht auch erreichen.

Reflexion/Übung 7

Sehr wahrscheinlich gibt es in Ihrem Verantwortungsbereich Kunden, die Sie als „schwierig" bezeichnen. Es wäre doch viel schöner, wenn Sie bei diesen weiterkommen und emotional weniger belastet in zukünftige Gespräche gehen könnten. Hilfreich sind die folgenden Fragen:

Name des Kunden:
Wie ist meine Einstellung ihm gegenüber?

> Wie und wann zeigt sich diese Einstellung?
>
> Meine Möglichkeiten und Maßnahmen, um hier die Lebensanschauung „Ich bin O.K. – du bist O.K." zu erreichen:
> 1. _____
> 2. _____
> 3. _____

Das Kindheits-Ich spaltet sich in drei Phasen auf: das natürliche, das angepasste und das intuitive Kindheits-Ich. Beim Letztgenannten handelt es sich um eine Verfassung, die stark manipulativ und kreativ ist, sodass dieses Ich auch mit Schlauberger oder Pfiffikus umschrieben wird.

Merkmale des natürlichen Kindheits-Ich:

- spontan und impulsiv
- aggressiv und authentisch
- sucht nach Abwechslung und Spaß

Merkmale des angepassten Kindheits-Ich:

- hilflos und ängstlich
- gibt nach und orientiert sich an Normen
- unsicher und abwartend

Merkmale des intuitiven Kindheits-Ich:

- findet kreativ und intuitiv Auswege
- listig und manipulativ

Reflexion/Übung 8

Wo haben Sie in den letzten zwei Wochen einen Erwachsenen gesehen, der offensichtlich aus seinem Kindheits-Ich sprach bzw. reagierte? Wie denken Sie rückwirkend darüber?

_____

_____

_____

_____

_____

_____

1.4 Das Erwachsenen-Ich

Mit zehn Monaten beginnt ein Kind langsam, bewusste Handlungen zu vollziehen. Es führt beispielsweise erste Bewegungen aus, um zu spielen. Dies ist der Beginn der Selbstverwirklichung und der Bildung des Erwachsenen-Ich, indem es sich seine eigene Realität bildet. Ziel ist es nicht, das Kindheits-Ich und das Eltern-Ich loszuwerden, sondern zu überprüfen, ob diese immer noch Gültigkeit haben. Durch den Abgleich zwischen dem Eltern-Ich (Gesetze, Normen, Verhaltensregeln) und dem Kindheits-Ich (Erwartungen, Gefühle, Wünsche) bilden sich Unterschiede, die in diesem Erwachsenen-Ich gespeichert werden. Somit ist es auf die gegenwärtige Realität gerichtet und zieht daraus Konsequenzen.

Wenn viele Punkte des Eltern-Ichs mit den Erfahrungen aus der Bildung des Erwachsenen-Ichs übereinstimmen, dann kann der Mensch im Zuge seiner Entwicklung diese Punkte schnell „abhaken". Treten hier allerdings erhebliche Differenzen zutage, so werden die neuen Erkenntnisse nicht automatisch ins Erwachsenen-Ich übertragen, sondern es startet ein häufig langer innerer Dialog. Es wird überlegt, was der Grund für diese Unterschiede ist. Somit ist es oftmals leichter, Vorurteile aus dem Eltern-Ich zu übernehmen, um diese Aussagen nicht lange – womöglich schmerzhaft – zu hinterfragen.

Typische Verhaltensweisen sind:

- Informationen sammeln und geben
- Wahrscheinlichkeiten mittels Denken und Differenzieren einschätzen
- Situationen konstruktiv durch Entscheidungen lösen

Beispielsätze:

- „Wie stellen Sie sich eine Lösung vor?"
- „Was können wir jetzt machen?"
- „Aus welchem Grund sind Sie hier noch nicht weiter gekommen?"

Reflexion/Übung 9

Vergleichen Sie doch mal die Gespräche, die Sie als Kunde bisher erlebt haben. Wie fühlen Sie sich, wenn jemand Sie nach Ihren Wünschen und Bedürfnissen fragt, Interesse an Ihnen und Ihrer Situation zeigt und mit Ihnen gemeinsam die Lösung erarbeitet hat? Oder wenn jemand anscheinend genau wusste, was Sie brauchen (obwohl er Sie gar nicht gefragt hat), Ihre Bedenken und Einwände nahezu wegwischte und Ihnen letztlich etwas „aufschwatzte"?

___

___

___

___

___

Reflexion/Übung 10

Aus welchem „Ich" sprechen Sie überwiegend bei Stammkundengesprächen? Bei Neukundengesprächen? Bei Preisverhandlungen? Bei Reklamationen? Mit welchem „Ich" haben Sie bisher die besten Erfolge erreicht?

_____

_____

_____

_____

_____

_____

1.5 Transaktionsformen

Für Ihre zukünftige Kommunikation wird es sehr hilfreich sein zu wissen, mit welchem Ich Sie sprechen bzw. angesprochen werden. Es gibt verschiedene Möglichkeiten. Der Sender einer Botschaft sendet den Reiz. Der Empfänger die Reaktion. Berücksichtigen Sie bitte, dass nicht nur die Worte, sondern auch Mimik, Gestik und Tonalität wirken, auf welche zur einfacheren Darstellung nachfolgend größtenteils verzichtet wird.

Es gibt drei Grundformen von Transaktionen:

- Parallele Transaktion
- Überkreuz-Transaktion
- Verdeckte Transaktion

Parallele Transaktion

Bei der parallelen Transaktion verläuft die Kommunikation parallel, da sie auf der gleichen Ebene stattfindet: vom Eltern-Ich zum Eltern-Ich oder vom Erwachsenen-Ich zum Erwachsenen-Ich etc.

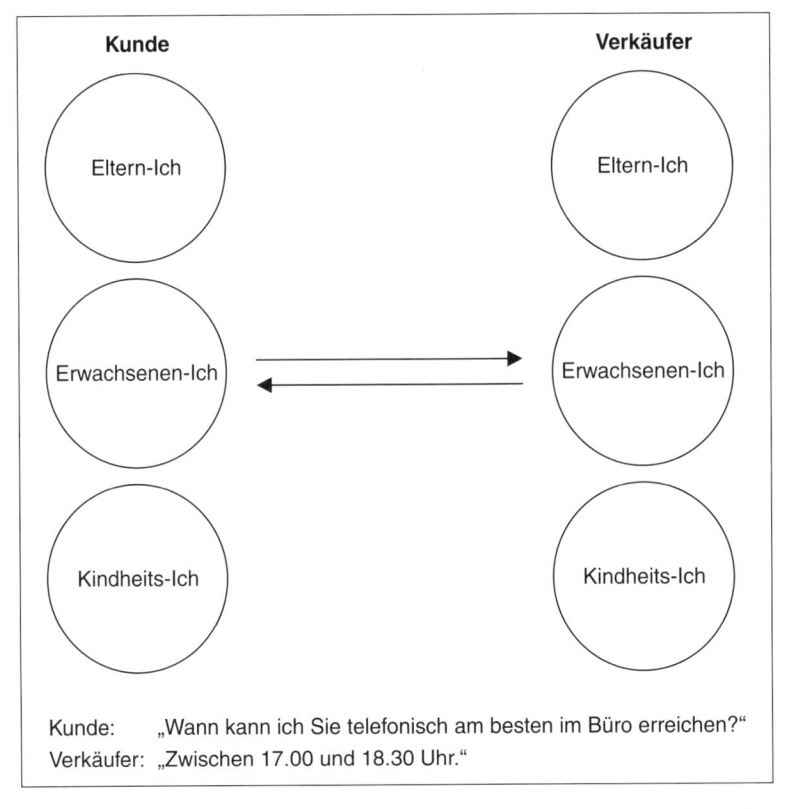

```
         Kunde                              Verkäufer

      ( Eltern-Ich )                     ( Eltern-Ich )


    ( Erwachsenen-Ich ) ──────▶  ( Erwachsenen-Ich )
                        ◀──────

     ( Kindheits-Ich )                   ( Kindheits-Ich )

Kunde:     „Wann kann ich Sie telefonisch am besten im Büro erreichen?"
Verkäufer: „Zwischen 17.00 und 18.30 Uhr."
```

Abbildung 1: Beispiel für eine „parallele Transaktion" zwischen den gleichen Ich-Ebenen

An diesem Beispiel ist zu erkennen, dass das Gespräch zwischen den Erwachsenen-Ichs klar und offen ist. Die Gesprächspartner halten sich an die Realität – ohne Hintergedanken.

Diese Kommunikation verläuft sehr konfliktfrei, da sie innerhalb der gleichen Ich-Ebenen stattfindet. Wenn der Sender einer Botschaft einen bestimmten Ich-Zustand vom Empfänger anspricht und dieser auch aus dem angesprochenen antwortet, geschieht im Sinne des Senders die Reaktion, die er erwartet hatte. Die Transaktion ist stimmig.

Ebenfalls kann die Kommunikation parallel verlaufen, auch wenn nicht das Ich aus der gleichen Ebene angesprochen wird. So ist beispielsweise eine Kommunikation zwischen Eltern-Ich und Kindheits-Ich denkbar:

Kunde	Verkäufer
Eltern-Ich	Eltern-Ich
Erwachsenen-Ich	Erwachsenen-Ich
Kindheits-Ich	Kindheits-Ich

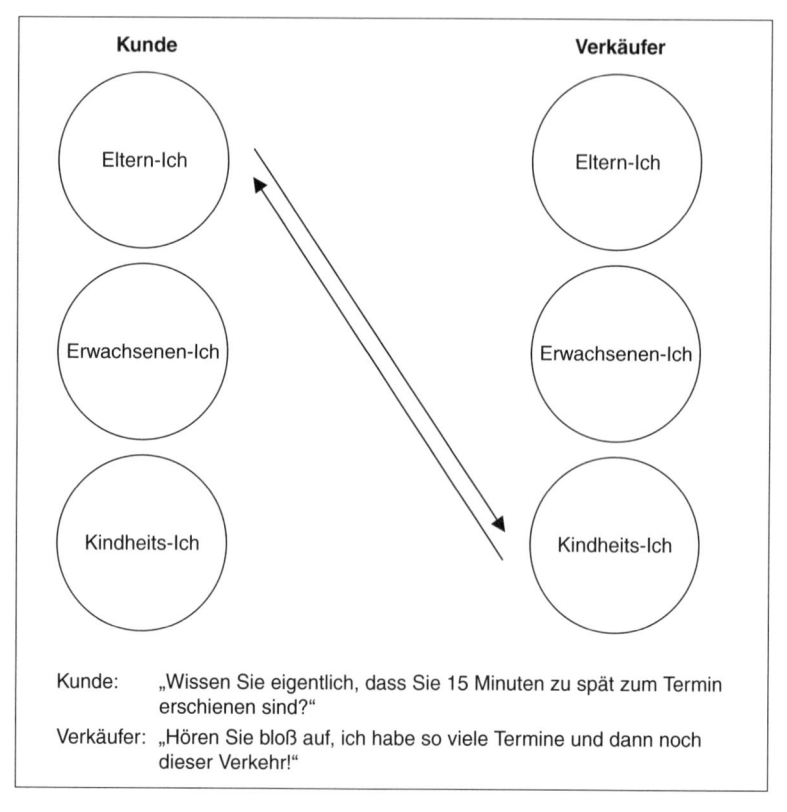

Kunde: „Wissen Sie eigentlich, dass Sie 15 Minuten zu spät zum Termin erschienen sind?"
Verkäufer: „Hören Sie bloß auf, ich habe so viele Termine und dann noch dieser Verkehr!"

Abbildung 2: Beispiel für eine „parallele Transaktion" zwischen unterschiedlichen Ich-Ebenen

Diese Art der Kommunikation verläuft meist ebenfalls konfliktfrei, führt aber gewöhnlich über kurz oder lang zu Störungen, da der im Kindheits-Ich Angesprochene bei längerem Wortwechsel eventuell aus einem anderen Ich-Zustand als dem angesprochenen Ich-Zustand antworten wird.

Reflexion/Übung 11

Denken Sie bitte an Gespräche zurück, die parallel verlaufen sind. Wie haben Sie sich dabei gefühlt? Wie ist es dazu gekommen? Kamen Sie Ihrem Gesprächsziel damit näher?

_____

_____

_____

_____

_____

Überkreuz-Transaktion

Konflikte sind sehr wahrscheinlich, wenn die Kommunikation überkreuz verläuft. Dies ist dann der Fall, wenn eine unerwartete Reaktion auf einen Reiz erfolgt, weil der Empfänger nicht aus dem angesprochenen Ich antwortet. Dadurch kreuzen sich die Transaktionslinien.

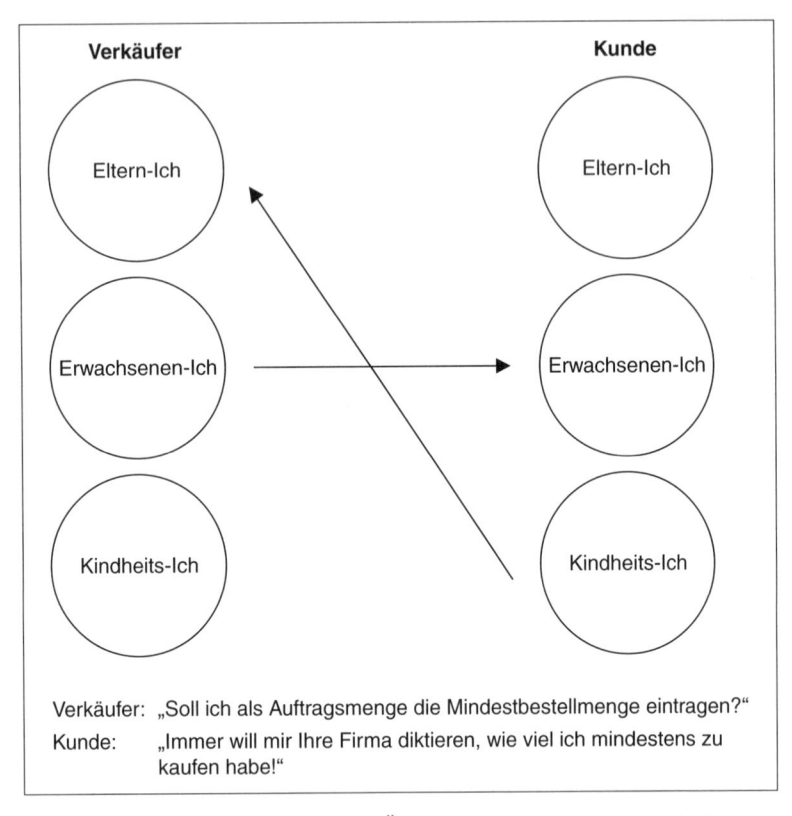

```
┌─────────────────────────────────────────────────────────┐
│    Verkäufer                           Kunde            │
│                                                         │
│   ⎛         ⎞                       ⎛         ⎞         │
│   │ Eltern-Ich│                     │ Eltern-Ich│       │
│   ⎝         ⎠   ▲                   ⎝         ⎠         │
│                  \                                      │
│                   \                                     │
│   ⎛            ⎞   \                ⎛            ⎞      │
│   │Erwachsenen-Ich│──────▶          │Erwachsenen-Ich│   │
│   ⎝            ⎠     \              ⎝            ⎠      │
│                       \                                 │
│                        \                                │
│   ⎛          ⎞          \           ⎛          ⎞        │
│   │Kindheits-Ich│                   │Kindheits-Ich│     │
│   ⎝          ⎠                      ⎝          ⎠        │
│                                                         │
│  Verkäufer: „Soll ich als Auftragsmenge die Mindestbestellmenge eintragen?"│
│  Kunde:     „Immer will mir Ihre Firma diktieren, wie viel ich mindestens zu│
│             kaufen habe!"                               │
└─────────────────────────────────────────────────────────┘
```

Abbildung 3: Beispiel für eine „Überkreuz-Transaktion" zwischen Verkäufer und Kunde

Solche Transaktionen kommen besonders dann zustande, wenn sich einer der Beteiligten in einem schlechten emotionalen Zustand befindet oder unterlegen fühlt: Dann wird häufig – unbewusst – beispielsweise aus dem Kindheits-Ich geantwortet, obwohl sein Erwachsenen-Ich angesprochen wurde. Dies geschieht meist dadurch, dass der Empfänger etwas in eine Aussage hineininterpretiert, was aus Sicht des Senders nicht enthalten ist. Daher antwortet der Empfänger aus der „Nicht o.k.-Anschauung" des Kindheits-Ichs. Diese Überkreuzung führt zum Abbruch der Kommunikation, es müssen nun erstmal andere Themen erledigt bzw. beseitigt werden. Damit die Kommunikation wieder „normal" verläuft, müssen einer oder beide den Ich-Zustand ändern.

Die Grundform des klassischen Konflikts wird dann erreicht, wenn beide aus dem Eltern-Ich senden und bei ihrem Gegenüber das angepasste Kindheits-Ich ansprechen. Beispielsweise sagt der Verkäufer „Müssen Sie sich denn schon wieder Zeit lassen, bis Sie die dritte Mahnung bekommen?" und der Kunde antwortet: „Sie mit Ihrer katastrophalen Liefersituation und kundenverachtenden Unpünktlichkeit brauchen mir nicht zu erklären, was faire Geschäftspartner sind!". Diese Transaktion wird als „Tumult" bezeichnet. Ein sich so entkeimender Schlagabtausch wird so lange laufen, bis realisiert wird, dass so kein Weiterkommen möglich ist und über das Erwachsenen-Ich zunehmend mehr Sachlichkeit in das Gespräch kommt.

Die Transaktionsanalyse bietet viele verschiedene Möglichkeiten bei der Suche nach den Ursachen für Konflikte an. Ein weiteres Beispiel: Der Verkäufer sagt zu seinem Kunden: „Haben Sie schon mitbekommen, die Firma X hat wieder die Preise erhöht!" In diesem Fall möchte der Verkäufer ein moralisierendes Gespräch zwischen den Eltern-Ichs führen. Antwortet der Kunde dann aber „Müssen Sie schon wieder über Ihren Mitbewerber ablästern!", dann spricht der Kunde wahrscheinlich für den Verkäufer unerwartet aus seinem Eltern-Ich das Kindheits-Ich des Verkäufers an.

Reflexion/Übung 12

Rufen Sie sich bitte Gespräche in Erinnerung, die überkreuz verlaufen sind. Wie sind diese aus Ihrer Sicht abgelaufen? Wie hat Ihr Gesprächspartner diese Gespräche wohl empfunden? Wie wollen Sie zukünftig mit dieser Transaktionsform umgehen? Kann es sein, dass Sie manchmal durch unbedachte Äußerungen eine Überkreuzung provozieren?

_____

_____

Verdeckte Transaktion

Bei verdeckten Transaktionen werden zwei Botschaften gleichzeitig kommuniziert, die eine auf der sozialen Ebene (Sachebe-

Kunde	Verkäufer
Eltern-Ich	Eltern-Ich
Erwachsenen-Ich	Erwachsenen-Ich
Kindheits-Ich	Kindheits-Ich

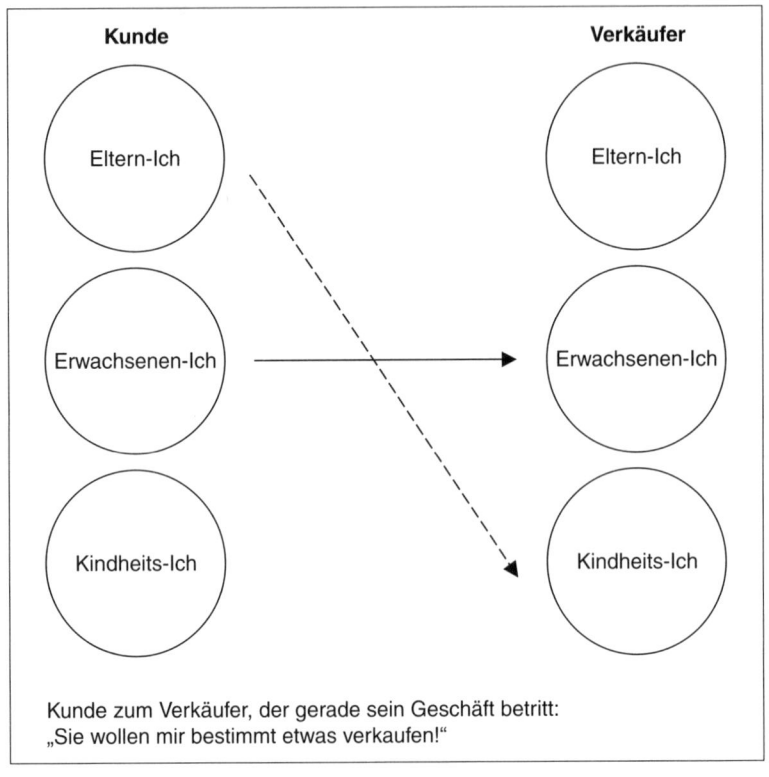

Kunde zum Verkäufer, der gerade sein Geschäft betritt:
„Sie wollen mir bestimmt etwas verkaufen!"

Abbildung 4: Beispiel für eine „verdeckte Transaktion" zwischen Kunde und Verkäufer

ne) und die andere auf der psychologischen (Beziehungsebene). Damit wird etwas anderes gesagt, als gemeint ist.

Auf der sozialen Ebene wird zwischen den Erwachsenen-Ichs kommuniziert. Doch zwischen den Zeilen, speziell angesichts des Sachverhalts, dass der Verkäufer gerade erst das Geschäft betritt, wird mit dem Wort „bestimmt" eine Botschaft vom Eltern-Ich zum Kindheits-Ich gesendet. Der zukünftige Kommunikationsverlauf ist nun davon abhängig, aus welchem Ich der Botschaftsempfänger antwortet. Vielleicht entgegnet er ganz sachlich aus dem Erwachsenen-Ich oder kleinlaut und entschuldigend aus dem Kindheits-Ich mit: „Ja, die vier Wochen sind schon wieder rum, und nun bin ich leider schon wieder hier."

Nach Berne fällt die Entscheidung für die Art der Fortsetzung der Kommunikation nicht auf der Sachebene, sondern auf der Beziehungsebene. Sie werden sehr profitieren, wenn Sie vor allem das wahrnehmen, was Ihre Umgebung und Sie unterschwellig – und somit meist unbewusst – kommunizieren.

Wenn Ihr Kunde beispielsweise sagt „Sie haben sehr konkurrenzfähige Preise!" und dabei lacht, dann ist etwas Ähnliches passiert. Hätte Ihr Kunde dies ganz sachlich und ernst gesagt, so wären bei Ihnen andere Emotionen hervorgerufen worden. Allein das Lachen und die entsprechende Mimik haben dafür gesorgt, dass mit dieser Kundenaussage nicht Ihr Erwachsenen-Ich angesprochen wurde.

Denkbar für die Verkaufspraxis ist auch eine andere Variante. Der Verkäufer spricht aus dem Erwachsenen-Ich das Kindheits-Ich des Kunden an. Beispielsweise sagt dieser: „Das Produkt ist das Beste, was wir führen. Aber ob Sie sich das leisten können?" Wenn der Verkäufer mit dieser Manipulation Glück hat, wird der Kunde aus seinem trotzigen Kindheits-Ich antworten: „Genau das nehme ich!" Natürlich hätte der Kunde diese Einladung, aus dem Kindheits-Ich zu sprechen, abschlagen und aus dem Erwachsenen-Ich mit „Vielen Dank für den Hinweis. Damit haben Sie selbstverständlich Recht!" antworten können. Bitte sehen Sie dieses Beispiel nicht als generelle Empfehlung für Ihren Verkaufsalltag, sondern nur als mögliche Erklärung, warum man als Mensch hin und wieder Dinge tut, die man eigentlich im Nachhinein gar nicht machen wollte.

Die Abläufe in der Kommunikation sind kein Automatismus. Nur weil Sie einen bestimmten Ich-Zustand ansprechen, heißt das nicht, dass daraus auch geantwortet wird. Sie ist eher eine Einladung, aus diesem zu antworten. Ob Sie es – bzw. Ihr Gesprächspartner – dann auch wirklich machen, liegt am jeweiligen Empfänger der Botschaft.

Reflexion/Übung 13

Kommunizieren Sie manchmal ebenfalls verdeckt? Handelt es sich dabei immer wieder um dieselben Personen? Weshalb wählen Sie diese Art von Kommunikation? Was könnten die Gründe dafür sein, dass manche Menschen auf diese Weise mit Ihnen sprechen – oder Ihnen zumindest den Eindruck vermitteln?

_____

_____

_____

_____

_____

_____

1.6 Verhaltensmöglichkeiten in der Praxis

Ein Verkäufer erklärt seinem Kunden, dass dieser bei Beibehaltung seines derzeitigen Bestellverhaltens den vereinbarten Jahresumsatz bei Weitem nicht erreichen kann. Dies bedeutet, dass zu viel Sofortbonus gezahlt wurde, nämlich sieben Prozent. Sollte der Kunde den vereinbarten Plan-Umsatz nicht erreichen, müsste der Lieferant diesen zu viel gegebenen Sofortbonus zurückfordern. Der Kunde bestätigt, dass er sich hier verschätzt hat und signalisiert, dass der Jahreseinkauf wohl 25 Prozent niedriger ausfallen wird. Dennoch bittet er um die Beibehaltung der Konditionen wegen seiner Liquiditätsschwierigkeiten. Außerdem hat er den Rabatt bei der Kalkulation seiner Verkaufspreise berücksichtigt und benötigt ihn für seine Wettbewerbsfähigkeit.

Der Verkäufer hat jetzt nach der Transaktionsanalyse viele Möglichkeiten vorzugehen:

- *Der Verkäufer spricht aus dem kritischen Eltern-Ich:* „Wieso Beibehaltung der Konditionen? Sie haben mir doch selbst gesagt, dass Sie einen solchen Umsatz machen werden – und uns auch schriftlich gegeben. Wahrscheinlich dachten Sie, dass wir uns das einfach so gefallen lassen. Wir würden uns gerne an den Vertrag halten – aber Sie brechen ihn schließlich."
  Wirkung auf den Kunden: Auf seinen Wunsch wird gar nicht eingegangen, er wird nicht einmal respektiert. Der Kunde hört nur einen erheblichen Vorwurf. Wenn der Kunde keinen Konflikt will, dann muss er die Aussage und die damit verbundenen Konsequenzen akzeptieren. Der Verkäufer spricht das angepasste Kindheits-Ich an.

- *Der Verkäufer spricht aus dem unterstützenden Eltern-Ich:* „Ich verstehe, dass dies insgesamt eine herausfordernde Situation ist. Aber ich bin heute hier, um Sie rechtzeitig darüber zu informieren. Lassen Sie uns doch mal gemeinsam überlegen, wie wir in den noch verbleibenden fünf Monaten die Planumsätze doch noch erreichen können."
  Wirkung auf den Kunden: Hier zeigt der Verkäufer Verständnis und sucht gemeinsam mit dem Kunden nach Lösungen. Es ist ein rein sachliches Gespräch. Der Verkäufer spricht das Erwachsenen-Ich des Kunden an.

- *Der Verkäufer spricht aus dem Erwachsenen-Ich:* „Welche Lösungen fallen Ihnen ein, damit wir beide die Vereinbarung einhalten können?"

  Wirkung auf den Kunden: Diese sachliche Frage ist eine Aussage auf Augenhöhe. Die Wahrscheinlichkeit, dass nun ein sachliches Gespräch folgt, ist sehr hoch. Der Verkäufer hat auch hier das Erwachsenen-Ich des Kunden angesprochen.

- *Der Verkäufer spricht aus dem natürlichen Kindheits-Ich:* „Ja, ich weiß, das klingt schon alles sehr anspruchsvoll. Aber es wäre doch gelacht, wenn es uns nicht irgendwie gelingen könnte, eine Lösung zu finden, sodass wir beide unsere Ziele erreichen. Wir beide haben doch schon oft genug solche Situationen erlebt, da schaffen wir das auch jetzt!"

  Wirkung auf den Kunden: Die Situation wird sportlich-spielerisch gesehen und es gilt jetzt, diese Herausforderung zu lösen. Der Verkäufer spricht das Erwachsenen-Ich des Kunden an.

- *Der Verkäufer spricht aus dem angepassten Kindheits-Ich:* „Ich bin auch so unglücklich. Die in der Zentrale machen auch wirklich, was sie wollen. Wenn es nach mir gehen würde, dann käme ich niemals auf den Gedanken, bei Ihnen Konditionen zurückzufordern. Aber was soll ich bei solch einer abgehobenen Geschäftsführung machen, die nicht weiß, was draußen im Markt los ist?"

  Wirkung auf den Kunden: Der Verkäufer steht selbst nicht hinter seiner Aufgabenstellung. Er appelliert an das Verständnis des Kunden (unterstützendes Eltern-Ich) und stellt sich als Opfer seines Arbeitgebers dar.

- *Der Verkäufer spricht aus dem intuitiven Kindheits-Ich:* „Sie wollen doch ganz bestimmt auch, dass wir Sie zukünftig mit Waren zu Sonderkonditionen beliefern. Und da wäre es doch bestimmt nicht gut, wenn ich unserer Buchhaltung und der Verkaufsleitung von Ihren Liquiditätsproblemen und offensichtlichen Absatzproblemen erzähle, oder?"

Wirkung auf den Kunden: Nun spricht der Verkäufer das Thema extrem manipulativ an. Mit der Drohung von Nichtbelieferung und Kreditsperre appelliert er an das angepasste Kindheits-Ich des Kunden.

Sehr wahrscheinlich werden die Reaktionen des Verkäufers aus dem Erwachsenen-Ich, dem unterstützenden Eltern-Ich sowie dem natürlichen Kindheits-Ich die größten Erfolge erzielen. Möglicherweise erscheint Ihnen dieses auch am vernünftigsten, und Sie fragen sich, ob jemand die anderen Möglichkeiten überhaupt wählen würde. Sicherlich nicht so heftig und vielleicht auch nicht so direkt, aber wenn sich manche Menschen in schlechter Verfassung befinden, dann kann es doch sehr schnell passieren. Beispielsweise könnte ein Verkäufer ungeschickt kommunizieren, wenn er extremem Erfolgsdruck durch seine Geschäftsleitung ausgesetzt ist oder ein persönliches Problem mit dem Kunden hat. Gerade darum sind die Kenntnisse der Transaktionsanalyse für die Kommunikation so wertvoll.

1.7 Tipps zur Anwendung der Transaktionsanalyse

Sie können sich aus allen Ich-Zuständen angemessen bzw. unangemessen verhalten. Überlegen Sie deshalb immer, was die Fakten sind, welche Normen Sie und auch Ihren Gesprächspartner daran hindern, die Situation objektiv wahrzunehmen. Zudem sollten Sie prüfen, wie fundiert diese sind. Jeder Mensch hat seine individuellen Normen, Gefühle und Erfahrungen und dadurch seinen individuellen Bezugsrahmen. Dadurch entstehen zwischen den Menschen unterschiedliche Wahrnehmungen, andere Meinungen und andersartige Verhaltensweisen.

Das Verhalten der Menschen ist größtenteils automatisiert, sodass dahinter meist keine bewusste und durchdachte Entscheidung steht. Somit verhalten sich Menschen in ähnlichen Situationen typischerweise immer gleich, auch wenn sie sich ursprünglich ein anderes Ziel vorgenommen haben. Wer kennt nicht folgenden Gedankengang: „So was passiert mir nicht noch einmal. Beim nächsten Mal werde ich ..." Und beim nächsten Mal macht man trotz des guten Vorsatzes wieder das Gleiche.

Wenn Sie sich darin üben, mehr aus dem Erwachsenen-Ich, also sachlicher zu sprechen, dann werden Sie weniger „schwierige" Gespräche haben. Vielen Menschen gelingt es auch recht gut, aus dieser Ebene Botschaften zu senden. Doch wenn ihr Gegenüber aus dem Erwachsenen-Ich bei Ihnen das Kindheits-Ich anspricht, dann vergessen viele, dass sie weiterhin die Möglichkeit haben, trotzdem aus dem Erwachsenen-Ich zu antworten.

Thomas Anthony Harris empfiehlt Folgendes zum Aufbau eines starken Erwachsenen-Ichs:

- Lernen Sie sowohl Ihr Kindheits-Ich als auch Ihr Eltern-Ich besser kennen, die Gebote und auch Verbote sowie die Art und Weise, wie diese zum Ausdruck kommen.
- Seien Sie offen für das Kindheits-Ich der Mitmenschen und respektieren Sie es.
- Lassen Sie sich Zeit, damit aus dem Erwachsenen-Ich gegebenenfalls bewusst gesprochen werden kann. Häufig wird viel zu schnell interpretiert und geantwortet, statt einfach mal in Ruhe kurz zu denken und dann zu antworten.
- Lassen Sie sich nicht provozieren und geben Sie gegebenenfalls gar keine Antwort.

Sie sollten nicht immer sofort aus dem Erwachsenen-Ich antworten, nur weil Sie aus einem anderen Ich angesprochen worden sind. Sinnvoller ist es beispielsweise, erst einmal Bedauern bei einer Reklamation oder Dankbarkeit bei konstruktiver Kritik auszusprechen, bevor Ihre Reaktion aus dem Erwachsenen-Ich kommt. Anderenfalls könnten Sie Ihr Gegenüber zu stark irritieren, wenn Sie permanent aus dem Erwachsenen-Ich sprechen.

Haben Sie das Gefühl, dass Sie durch eine verdeckte Transaktion manipuliert werden sollen, dann fragen Sie nach, beispielsweise mit „Ich habe das Gefühl, dass …". Denn nur, weil Sie das Gefühl haben, muss es ja noch lange nicht vom Sender der Botschaft beabsichtig sein. Oder wollten Sie bisher alle Menschen verletzen, die sich von Ihnen verletzt fühlten?

Reflexion/Übung 14

Sehr wahrscheinlich haben auch Sie früher oder später „schwierige" Gespräche. Beispielsweise eine Preisanpassung, eine Reklamation oder einen Kunden, der die von Ihnen erbrachte Leistung nicht bezahlen will.

Bitte schreiben Sie jetzt fünf Situationen stichpunktartig auf, bei denen Ihr kommunikatives Fingerspitzengefühl gefragt ist:

1. _____
2. _____
3. _____
4. _____
5. _____

Überlegen Sie und notieren Sie, wie Sie diese Situationen zukünftig besser mit den Erkenntnissen aus der Transaktionsanalyse bewältigen werden.

1.8 Ihre persönliche Zielvereinbarung

Die folgenden fünf Erkenntnisse aus dem ersten Kapitel möchte ich in meinen Alltag übernehmen:

1. _____

_____

_____

2. _____

_____

_____

3. _____

_____

_____

4. _____

_____

_____

5. _____

_____

_____

1.9 Einsendeaufgaben

1. Finden Sie bitte heraus, aus welchem Ich folgende Aussagen sprechen:
   - „Meiner Meinung nach müssen Verkäufer ihre Kunden betrügen, wenn sie gutes Geld verdienen."
   - „Wer viel Geld im Verkauf verdient, betrügt seine Kunden."
   - „Reiß dich zusammen!"
   - „Das Produkt finde ich superturboaffengeil!"
   - „Hören Sie auf zu fragen, das ist eben so!"
   - „Woran kann es liegen, dass der Kunde weniger kauft?"
   - „Wenn ich mehr Umsatz machen würde, dann hätte ich keine Probleme mehr!"

2. Nennen Sie drei Maßnahmen, die Sie in Ihrer Kommunikation umsetzen können, damit das Gespräch nach den Erkenntnissen der Transaktionsanalyse mehr „auf Augenhöhe" verläuft.

2. Kapitel: Warum es so ist, wie es ist: Kommunikationsmodelle und Grundlagen

2.1 Kommunikationsquadrat

Friedemann Schulz von Thun hat aufbauend auf den Erkenntnissen von Paul Watzlawick und Karl Bühler das Kommunikationsquadrat entwickelt, das auch als „Vier-Ohren-Modell" bekannt ist. Demnach hat jede Botschaft einen Sach-, Beziehungs-, Selbstoffenbarungs- und Appellinhalt. Der Empfänger einer Botschaft wird mit einem seiner „Ohren" die Botschaft vorrangig auffassen, während der Sender der Botschaft diese aus einem seiner vier „Schnäbel" gesprochen hat. Jede Botschaft enthält diese vier Botschaften. Dadurch kann es passieren, dass die gesendete Botschaft anders ankommt, als ursprünglich gedacht, weil die Botschaft mit einem anderen „Ohr" aufgenommen wurde als vom Sender der Botschaft beabsichtigt wurde.

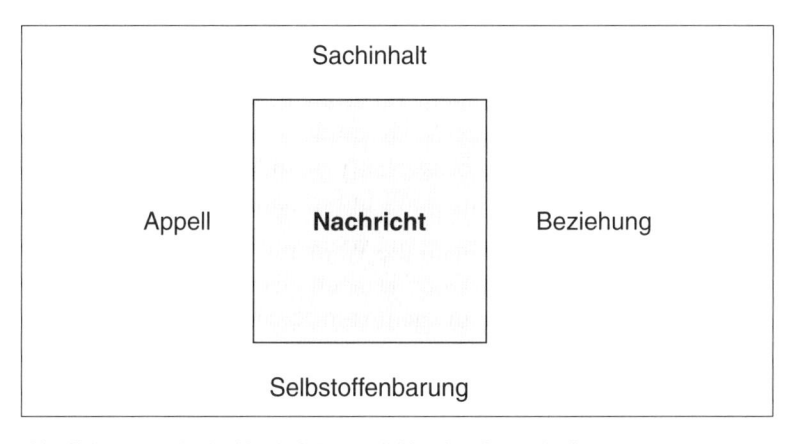

Abbildung 5: Jede Nachricht enthält vier Botschaften

Es handelt sich um ein Quadrat und nicht um ein Rechteck, weil diese vier Faktoren grundsätzlich als gleichwertig anzusehen sind. Bei der individuellen Kommunikation kann jedoch der eine oder andere Aspekt stärker im Vordergrund stehen.

Wenn Sie sprechen, dann senden Sie mit Ihren „Schnäbeln" folgende Inhalte mit:

- *Sachinhalt:* Worüber wird informiert? Was ist die „objektive" Botschaft?
- *Beziehung:* Was halten Sie von der Person, und wie stehen Sie zueinander?
- *Selbstoffenbarung:* Was geben Sie selbst von sich (indirekt) preis? Wie sind Ihre Stimmung und Verfassung?
- *Appell:* Zu was wollen Sie veranlassen/bewegen? Was wollen Sie erreichen?

Wenn beispielsweise ein Kunde zu Ihnen sagt „Die letzte Lieferung war nicht vollständig!", so ist die Botschaft aus rein sachlicher Sicht klar. Doch was will der Kunde damit über sich (Selbstoffenbarung) sagen? Vielleicht, dass er enttäuscht ist? Oder eher, dass er ein aufmerksamer Mensch ist und ihm kein Fehler von Ihnen bzw. Ihrer Firma entgeht? Auch der Aspekt des Beziehungsinhaltes lässt viel Spielraum für Interpretationen: Ist das nun ein Vorwurf? Oder vielleicht eine Mitleidsbekundung, dass Sie bei einer Firma arbeiten, die nicht zuverlässig Ware versendet? Das Ziel, also der Appell, dieser Nachricht ist ebenfalls nicht eindeutig. Sollen Sie zukünftig besser aufpassen? Sollen Sie nun die Ware, die letztes Mal fehlte, jetzt mitschicken?

Der Empfänger hat prinzipiell die Wahl, mit welchem Ohr er die Botschaft verstehen will. Doch je nach emotionaler Verfassung oder Gewohnheit werden die gehörten Nachrichten unterschiedlich interpretiert. Letztlich zeigt dieses Modell, dass sowohl der Sender als auch der Empfänger maßgeblich Verantwortung dafür tragen, wie etwas gesagt und verstanden wird. Denn Missverständnisse entstehen durch unterschiedliche Interpretationen.

Manche Menschen haben ein sehr ausgeprägtes „Sach-Ohr". Das kann speziell dann zu Konflikten führen, wenn es um zwischenmenschliche Probleme geht und ein Gespräch auf rein sachlicher Ebene nicht zweckmäßig ist. So bemängeln häufig Frauen, dass Männer auf ihre Emotionen viel zu schnell mit sachlichen Lösungen antworten, statt einfach ihre Emotionen zu würdigen.

Personen mit einem großen „Beziehungs-Ohr" neigen dazu, alles auf sich zu beziehen und leicht angegriffen oder beleidigt zu sein. Das „Selbstoffenbarungs-Ohr" hilft, den Sender beziehungsweise seine Botschaft zu diagnostizieren und nicht alles gleich für bare Münze zu nehmen. Doch eine zu starke Ausprägung kann dazu führen, dass der Empfänger der Botschaft nichts an sich herankommen lässt, weil alles, was ihm zuwiderläuft, an ihm nach dem Motto „Wer mich nicht mag oder anderer Meinung ist, irrt sich" abprallt. Jene Menschen, die versuchen, es allen recht zu machen und sogar unausgesprochenen Erwartungen folgen, haben ein großes „Appell-Ohr". Sie wissen meist über ihre eigenen Wünsche und Bedürfnisse wenig Bescheid, weil sie ihre Wahrnehmung vorrangig auf ihre Mitmenschen richten.

Für die verantwortungsvolle Kommunikation ergeben sich für Sie unter anderem folgende Fragestellungen:

- Wie können Sie Sachverhalte eindeutiger und verständlicher kommunizieren?
- Fühlt sich der Empfänger durch die Art und Weise Ihrer Kommunikation so behandelt, wie Sie es beabsichtigen?
- Wirken Sie durch die Art Ihrer Kommunikation authentisch?
- Versteht Ihr Gegenüber, was Sie mit Ihrer Kommunikation bezwecken wollen?

Letztlich liegt die Schwierigkeit der Kommunikation darin begründet, dass jeder Mensch die Kommunikation anders wahrnimmt, interpretiert und daraus unterschiedliche Gefühle ableitet.

Reflexion/Übung 15

Überprüfen Sie, ob es in Ihrem Alltag Situationen gibt, die häufiger Missverständnisse hervorrufen. Wo müssen Sie Dinge oft noch einmal erklären? Wo haben Sie das Gefühl, dass Ihr Gegenüber Sie nicht verstanden hat – aber Ihnen es auch nicht sagt? Bitte machen Sie sich Gedanken, wie Sie diesen Sachverhalt beim nächsten Mal strukturierter und verständlicher darstellen werden:

_____

_____

_____

_____

_____

_____

Reflexion/Übung 16

Kann es sein, dass es einige Menschen in Ihrer Umgebung gibt, die Sie häufig anders verstehen, als diese es wohl meinen? Weshalb nehmen Ihre „Ohren" die Botschaften anders auf, als die Sender es bezweckten? Was werden Sie nun anders machen?

_____

_____

_____

_____

_____

_____

2.2 Selbstbild und Fremdbild

Vielleicht kennen Sie solche oder ähnliche Selbsteinschätzungen:

> Eine Truppe von Mitarbeitern arbeitet in einem Schuhfachgeschäft. Der Chef spricht abends bei der monatlichen Mitarbeiterbesprechung das Thema Freundlichkeit an. Ihm ist zu Ohren gekommen, dass sein Laden als unfreundlicher Anbieter wahrgenommen wird. Also schwört er seine Belegschaft auf Freundlichkeit ein. Nach dieser Veranstaltung unterhalten sich die Mitarbeiter untereinander. Doch gerade die Person, die von den anderen sofort als die Unfreundlichkeit in Person angesehen wird, sagt im Brustton der Überzeugung: „Seht Ihr, wenn Ihr alle so arbeiten würdet wie ich, dann hätten wir keine Probleme mit der Kundenfreundlichkeit!"

Wieso fällt vielen Menschen immer noch jemand ein, der noch schlimmer ist, anstatt sich selbst an die eigene Nase zu fassen? Wie hätte man in der beschriebenen Situation vorgehen können?

Es geht hier um das Thema Selbstbild und Fremdbild. Nur weil Sie oder Ihr Kunde sich beispielsweise bei den Persönlichkeitsmerkmalen „aufgeschlossen", „innovativ", „ehrgeizig" und „zielstrebig" die Note „gut" geben würden, fällt die Einschätzung der Umgebung nicht zwangsläufig identisch aus. Manchmal liegen sogar erhebliche Differenzen vor. Dies führt unter anderem dazu, dass durch ein zu weites Auseinanderklaffen von Selbstbild und Fremdbild falsche Entscheidungen getroffen werden. Außerdem stellt ein zu positives Selbstbild bei einem eher negativen Fremdbild schnell eine Belastung für die Kommunikation dar.

Die beiden amerikanischen Sozialpädagogen Joe Luft und Harry Ingham haben das Johari-Fenster entwickelt. In diese Bezeichnung sind die ersten Buchstaben ihrer jeweiligen Vornamen eingeflossen. Sie haben die unterschiedlichen Selbst- und Fremdeinschätzungen einander gegenübergestellt:

	Einem selbst	
	bekannt	unbekannt
Dem Anderen bekannt	Arena	„blinder Fleck"
Dem Anderen unbekannt	Fassade/Maske	„schwarzer Fleck"

Abbildung 6: Selten stimmt das Selbstbild mit dem Fremdbild überein

Für die Kommunikation ist es hilfreich, wenn die „Arena" ausgebaut wird. Dazu kann mithilfe von Feedback der Bereich des „blinden Fleckes" verkleinert werden. Hinter der Fassade leichter hervorkommen wird jemand, wenn ihm das Kommunikationsklima vertrauensvoll erscheint und er einen Sinn darin sieht, sich zu öffnen. Sobald sich jemand „preisgibt", wird die „Arena" größer und die „Fassade" kleiner.

Vor allem wenn sich ein Verkäufer und ein Kunde bzw. potenzieller Kunde noch nicht kennen, ist der Bereich der „Arena" recht klein. In der Regel wird mit der Zunahme der Zusammenarbeit dieser Bereich ausgebaut. Dennoch werden gewöhnlich beide auch bei einer recht guten und vertrauensvollen Zusammenarbeit nicht alles sagen beziehungsweise bemerken.

So könnte der Verkäufer beispielsweise wissen, dass grundsätzlich noch „Luft" in den Preisen ist und es sogar Kunden gibt, die bei einem geringeren Einkauf höhere Rabatte bekommen (Fassade). Dennoch wird der Verkäufer dies niemals von sich aus einfach so zugeben.

Wenn der Kunde regelmäßig die richtige Verwendung von Dativ und Akkusativ verwechselt und somit häufig „dem" statt „den" sagt, wird der Verkäufer ihn wahrscheinlich nicht auf seinen „blinden Fleck" ansprechen. Ein fiktiver Verkäufer ist sportlich, aber noch niemals Ski gefahren. Dass er ein „geborener" Ski-

Fahrer ist, der es eigentlich nur noch zu tun braucht, wissen beide nicht (schwarzer Fleck).

Reflexion/Übung 17

Mit welchen Strategien wollen Sie dafür sorgen, dass Ihre Gesprächspartner zukünftig ihre „Fassade" schneller fallen lassen können, sodass Sie eine breitere Basis für eine erfolgreiche Zusammenarbeit haben?

_____

_____

_____

_____

_____

Reflexion/Übung 18

Wo ist der Abstand zwischen Ihrem Selbstbild und dem empfundenen Fremdbild Ihrer Umgebung Ihrer Meinung nach sehr groß? Was würde es Ihnen bringen, wenn Sie diesen Abstand verkleinern? Wie könnte das gelingen?

_____

_____

_____

_____

_____

2.3 Kommunikationssperren

Jeder Mensch ist anders. Jeder hat seine eigenen Erfahrungen gemacht und sich seine eigenen Meinungen gebildet. Somit ist für den einen etwas ganz natürlich, während es für den anderen undenkbar ist.

Immer wenn Menschen aufeinander stoßen, prallen damit auch verschiedene Denkhaltungen aufeinander. Genauso ist es im Verkaufsalltag. Das liegt zum einen daran, dass sowohl Kunde als auch Verkäufer unterschiedliche Erwartungen und Wahrnehmungen haben. Zum anderen hat jeder Mensch eine andere Vergangenheit und trägt diese, teilweise auch ungewollt, mit in das Gespräch hinein. Zusätzlich fließt die gegenwärtige Stimmung bzw. Verfassung beider mit ein. Diese grob skizzierten Einflussfaktoren sorgen letztlich dafür, dass die Qualität eines Gesprächs nicht immer gleich hoch sein kann.

Stellen Sie sich vor:

> Ein Verkäufer ist überzeugt von seinem Produkt. Er hat schon viel positives Feedback von zufriedenen Kunden bekommen. Wenn er heute noch eine Einheit verkauft, dann ist er Jahresbester seiner Vertriebsmannschaft. Nun hat er seinen letzten Kundentermin. Es ist bereits 17.30 Uhr. Bald machen alle Geschäfte zu. Wenn er noch diesen einen Kunden gewinnen kann, dann hat er es geschafft: zum ersten Mal Jahresbester bei einer Produkteinführung! Doch das Gespräch verläuft ganz anders: Der Kunde zeigt kein Interesse, blockiert und scheint einfach nicht zu wollen. Wie verhält sich der Verkäufer in dieser Stresssituation am besten?

Oder eine andere Situation:

> Ein Verkäufer fährt seine „schwache" Tour. Eigentlich hat er mehr erwartet. Aber ein vielversprechender Termin ist ausgefallen. Also wird der heutige Tag wohl kein herausragender werden. Er ist froh, wenn er endlich zu Hause ist. Der Tag macht ihm einfach keinen Spaß. Aber auch diese Kunden müssen ja besucht werden, sagt er sich. Um 14.15 Uhr dann die Überraschung. Ein Kleinst-

kunde, der beim letzten Mal nach langer Überzeugungsarbeit endlich gekauft hat, begrüßt ihn mit den Worten: „Da sind Sie ja endlich. Mit Ihnen habe ich noch ein Hühnchen zu rupfen!" Wie wird das Gespräch wohl verlaufen? Was kann der Verkäufer kommunikativ tun, um das Gespräch zu retten? Wie hätte sich der Kunde besser verhalten können, um die Chancen auf seine Gesprächszielerreichung zu erhöhen?

Generell ist die Empfehlung: Fühlen Sie sich in den anderen ein (Empathie) und bejahen Sie den anderen in dem, was er tut. Dieses Bejahen bedeutet nicht, dass Sie deswegen alles gut finden müssen. Es bedeutet letztlich, dass Sie nicht jedem Menschen zeigen müssen, wenn Sie anderer Meinung sind. In Kapitel 4 dieses Buches kommen wir noch auf besseres Zuhören zu sprechen. Durch „aktives Zuhören" erleichtern Sie die Problemlösung, weil Sie das Gefühl des Verstandenwerdens bei Ihrem Gesprächspartner erhöhen und somit das Fundament für das Verkaufen auf Augenhöhe legen.

Doch schon jetzt sollen Sie sensibilisiert werden für Kommunikationsweisen, die schnell Widerstände und Ablehnung statt Gemeinsamkeiten und Zustimmung erzeugen. Das Erschreckende ist: Häufig machen wir vieles von dem, was für das Gespräch eigentlich nicht förderlich ist, automatisch und somit unbewusst. Vielleicht werden Sie bei manchen Punkten auch sagen: „Na ja, so schlimm ist das ja nun auch nicht. Ich bin schließlich Verkäufer, und da muss man den anderen schon ein wenig lenken." Das ist sicherlich so weit in Ordnung, sofern es für Ihren Gesprächspartner in Ordnung ist. Doch vielleicht können Sie sich nachfolgendes Szenario nach einem „schlechten" Gespräch vorstellen: Der Verkäufer geht zurück zu seinem Auto und denkt schlecht über den Kunden. Und der Kunde sitzt nach dem Gespräch alleine in seinem Büro und denkt negativ über den Verkäufer. Die Kommunikation verlief zwischen beiden schlecht. Beide könnten sich nun diese Sache schönreden, indem sie sich sagen: „Ja, gut. Man kann eben nicht mit jedem Menschen." Aber es wäre doch schade, wenn eine fehlerhafte Kommunikation eine für beide Seiten profitable Geschäftsbeziehung unmöglich machen würde.

Thomas Gordon hat sich mit der Kommunikation eingehend beschäftigt und „Kommunikationssperren" ausgearbeitet. Diese verhindern letztlich das Gespräch auf Augenhöhe, weil sie darauf abzielen, den anderen zu verändern, statt ihn zu akzeptieren. Sie produzieren Widerstände und führen dazu, dass sich Ihr Gesprächspartner tendenziell eher verschließt.

- *Befehlen, anordnen, auffordern*
  „Nun hören Sie mir mal zu!"
  „Sie müssen sich meine Präsentation ansehen!"
  „Sie können nicht einfach irgendwelche Rabatte fordern!"
- *Warnen, mahnen, drohen*
  „Ich warne Sie, wenn Sie das jetzt nicht nehmen, dann verschenken Sie Ihre Zukunft!"
  „Das hätten Sie lieber nicht machen sollen."
  „Wenn Sie die Ware nicht gleich einsortiert hätten, sondern zuerst ordnungsgemäß den Lieferschein verglichen hätten, dann …"
- *Moralisieren, predigen, beschwören*
  „Sie sollten das tun!"
  „Sie sind zur Abnahme verpflichtet!"
  „Ich wünsche mir, dass Sie es einfach mal ausprobieren."
- *Beraten, Vorschläge machen, Lösungen liefern*
  „Machen Sie es doch einfach folgendermaßen …"
  „Warum machen Sie es nicht einfach anders? Die beste Lösung ist …"
  „Also wenn Sie mich fragen würden, dann machen Sie Folgendes …"
- *Durch Logik überzeugen, Vorträge halten, Gründe anführen*
  „Schauen Sie sich bitte die Fakten an. Sie zeigen eindeutig, dass …"

„Sind Sie sich eigentlich im Klaren darüber, dass …"
„So wäre es richtig!"

- *Urteilen, kritisieren, widersprechen, Vorwürfe machen*
  „Sie haben mich falsch verstanden."
  „Sie sind auf dem Holzweg!"
  „Nein, das ist falsch!"

- *Loben, zustimmen, schmeicheln*
  „Sie als intelligenter Mensch wissen, dass …"
  „Gewöhnlich haben Sie ein sicheres Urteil."
  „Bisher haben Sie es immer geschafft."

- *Beschimpfen, lächerlich machen, beschämen*
  „Sie arbeiten unsauber."
  „Sie sind offensichtlich durchgeknallt."
  „Sie tun so, als ob Sie von dieser Sache zum ersten Male hören würden."

- *Interpretieren, analysieren, diagnostizieren*
  „Was Sie wirklich brauchen, ist …"
  „Sie haben Autoritätsprobleme."
  „Sie sind ein bisschen verrückt."

- *Beruhigen, Sympathie äußern, trösten, aufrichten*
  „Das wird schon alles wieder."
  „Na, so schlimm ist das ja nun auch nicht."
  „Wenn eine Tür zugeht, geht eine andere wieder auf."

- *Forschen, fragen, verhören*
  „Warum haben Sie das gemacht?"
  „Wer hat Ihnen dazu geraten?"
  „Wieso haben Sie diese Lösung gewählt?"

- *Ablenken, ausweichen, aufziehen*
  „Sie machen sich vielleicht Sorgen!"
  „Nun sehen Sie doch mal das Positive!"
  „Wenn Sie erst einmal eine Nacht darüber schlafen, dann sieht es ganz anders aus."

Ich weiß jetzt nicht, wie Sie über diese „Kommunikationssperren" denken. Möglicherweise stimmen Sie mit einigen sofort überein und würden manch andere jetzt gerne diskutieren. Gerade dort, wo Sie Diskussionsbedarf sehen, ist es sehr wahrscheinlich, dass Sie Entwicklungspotenzial haben. Denn es ist natürlich, dass Menschen etwas in Frage stellen, was ihrem üblichen „normalen" Denken widerspricht.

Reflexion/Übung 19

Sie kennen sicherlich das Sprichwort „Wer fragt, der führt!" Doch nun sind in der obigen Liste Fragen als Kommunikationssperren aufgeführt. Vielleicht hat Sie das sogar irritiert. Was meinen Sie, wieso sind nicht alle Fragen gleich gut?

_____

_____

_____

_____

_____

Reflexion/Übung 20

Bei welchen drei dieser zwölf „Kommunikationssperren" haben Sie sich am meisten gewundert, dass diese hier als unvorteilhaft für die Kommunikation eingestuft wurden? Achten Sie während der nächsten 14 Tage gezielt darauf, wie Ihr Gesprächspartner reagiert, wenn

Sie einen dieser drei einsetzen. Wie fühlt er sich? Wie fühlen Sie sich, wenn Ihr Gesprächspartner diese verwendet?

_____

_____

_____

_____

_____

_____

2.4 Tugenden

Um wirklich auf Augenhöhe verkaufen zu können, gehört das Leben gewisser Werte dazu. Dennoch gibt es immer noch sehr viele Verkäufer, die gerade damit Probleme haben. Beispielsweise gibt es Verkäufer, die einen Rückruf zusichern, obwohl sie schon zu diesem Zeitpunkt wissen, dass er sich nicht in die Tat umsetzen lassen wird. Andere Verkäufer lassen den Kunden trotz Termin ohne vorherige Absage oder Ankündigung lange warten und entschuldigen sich nur lapidar: „Sorry, ich hatte noch ein anderes Gespräch – da kam ich leider nicht pünktlich raus."

Kleine Fehler können sicherlich jedem einmal passieren – aber es kommt auch darauf an, wie souverän man dann mit solchen Situationen umgeht. Mir ist es immer noch unverständlich, wie einige Verkäufer darauf kommen, dass sie von ihren Kunden Treue, Offenheit und pünktliche Zahlungen erwarten können, aber selbst gewisse Tugenden regelmäßig vorsätzlich nicht vorleben.

Selbstverständlich gibt es auch Kunden, die zuverlässige Verkäufer in den Wahnsinn treiben. In diesem Buch werden Sie einige

Tipps und Anregungen für eine bessere Kommunikation und Material für ein Grundsatzgespräch mit solchen „Spezialisten" bekommen. Sollte Ihr Kunde sich dann immer noch nicht bessern, dann sollten Sie wirklich ernsthaft in Erwägung ziehen, ob Sie sich von diesem Energieräuber nicht lieber trennen sollten. Selbstverständlich zählt jeder Euro – doch was nützen Ihnen ein paar Euro Umsatz oder Provision, wenn Sie sich ausgenutzt und nicht wertgeschätzt fühlen? Häufig leiden sogar noch die folgenden Gespräche mit anderen Kunden darunter, weil der Verkäufer in Gedanken dem „schwierigen" Kunden nachhängt.

Es gibt den Spruch, dass jeder Verkäufer seine Kunden so behandeln sollte, wie er selbst behandelt werden möchte. Vielleicht stimmen Sie mit mir überein, dass die Aussage „Behandeln Sie jeden Kunden so, wie er behandelt werden möchte" sogar noch besser ist.

Zu den klassischen Tugenden gehören Zuverlässigkeit, Ehrlichkeit, Fairness, Leidenschaft, Fleiß und Geduld.

Reflexion/Übung 21

Sehr wahrscheinlich ist es Ihnen schon einmal passiert, dass Sie ohne böse Absicht gegen die eine oder andere Tugend verstoßen haben. Überlegen Sie sich bitte, was Sie konkret tun werden, damit Sie diese Tugenden besser leben und einhalten können.

_____

_____

_____

_____

_____

_____

2.5 Verkaufsstile

Eine qualifizierte Verhandlung wird nur dann möglich sein, wenn Einkäufer und Verkäufer gleich stark sind – die Macht somit ausgewogen verteilt ist. Denn bei einem Ungleichgewicht wird der Schwächere in die Defensive gedrängt und möglicherweise Entscheidungen treffen, die spätestens im Nachhinein ungute Gefühle auslösen. Dies können beispielsweise Fehlkäufe sein oder auch zu hohe Konditionszugeständnisse.

Blake und Mouton differenzieren die Ausprägungen im Verkaufsstil des Verkäufers im Hinblick auf „Bemühung um den Verkaufsabschluss" und „Bemühung um den Kunden":

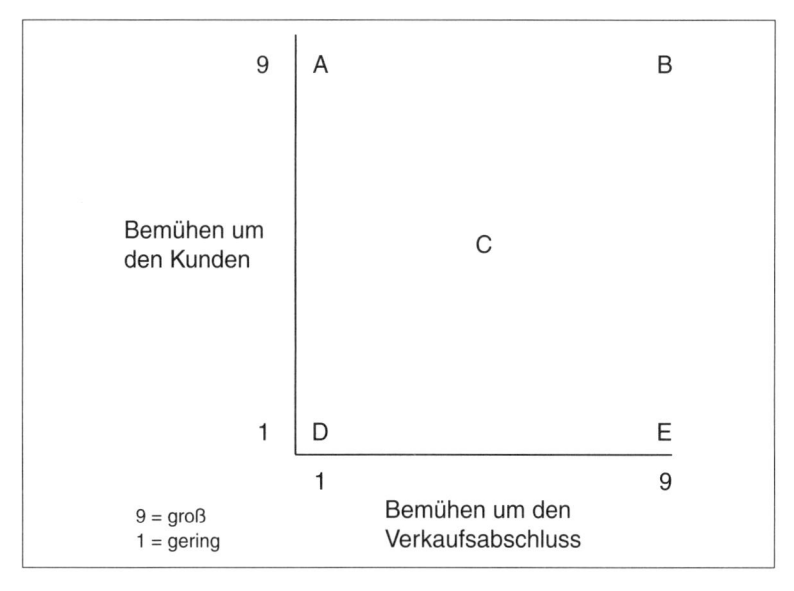

```
         9 │ A                         B



Bemühen um
den Kunden      C



         1 │ D                         E
           └─────────────────────────────
             1                         9
9 = groß       Bemühen um den
1 = gering     Verkaufsabschluss
```

Abbildung 7: Verkaufsraster nach Blake und Mouton,
Quelle: Kotler/Bliemel (2001)

- Im Bereich A ist der Verkäufer darauf bedacht, sich als einen angenehmen Menschen darzustellen. Die Strategie ist, als Freund des Kunden seine Gefühle verstehen zu wollen und durch diesen persönlichen Bezug den Kunden zu Käufen zu motivieren.
- Bei B handelt es sich um einen Problemlöser, der durch Fragen den Kunden verstehen will, um dann gemeinsam mit ihm Kaufentscheidungen zu erarbeiten.
- Ein sehr ausgewogenes Verhältnis zwischen dem Bemühen, den Verkaufsabschluss zu erreichen und den Kunden zu gewinnen, wird durch C markiert. Hier handelt es sich häufig um einen flexiblen Verkäufer, der vorrangig individuelle Verkaufstechniken einsetzt.
- Bei D handelt es sich um einen Auftragsempfänger, der dem Kunden das Produkt letztlich nur zeigt. Der Kunde entscheidet dann allein, ob er nun kauft oder nicht.
- Der Verkäufer im Bereich E setzt Verkaufsdruck ein nach dem Motto „anhauen, umhauen und abhauen".

Dieses Gitter kann auch die Strategien des Einkäufers abbilden mit „Bemühen um den Verkäufer" und „Bemühen um den Kaufabschluss".

Es wird sicherlich keinen Verkaufsstil geben, der bei allen Kunden in allen Situationen sehr gut ankommt. Dennoch soll es Ihnen zeigen, welche unterschiedlichen Verhaltensweisen grundsätzlich möglich sind.

Reflexion/Übung 22

Wo ordnen Sie sich in dieses Gitter ein? Wo wollen Sie hin, damit Sie noch mehr auf Augenhöhe verkaufen? Welche Ihrer bisherigen Verhaltensweisen werden Sie wohl nicht mehr entscheidend weiterbringen?

_____

_____

_____

_____

_____

_____

2.6 Ziele und Alltagssorgen

Jedes Unternehmen verfolgt unterschiedliche Zielsetzungen. Bei manchen steht der langfristige Gewinn im Vordergrund, bei anderen der kurzfristige Erfolg. Andere wollen nahezu zwanghaft wachsen und Marktanteile sichern und ausbauen, andere möchten mehr ihrer sozialen Verantwortung gerecht werden. Für manchen ist die Kundenpflege wichtiger als die Mitarbeitermotivation. Letztlich wollen viele sogar alles, aber dennoch hat jeder Kunde für sich eine andere Priorität und Vorgehensweise. Doch nicht nur das ist der Unterschied. Denn nur weil Sie vielleicht wissen, was Ihr Kunde anstrebt, muss Ihnen noch lange nicht klar sein, weshalb er das tut. Möchte beispielsweise ein Unternehmen vorrangig eine bessere Rendite erzielen, weil das der Inhaber will, mit dem Sie gerade verhandeln? Oder wird Ihr Verhandlungspartner selbst gerade von seinen Vorgesetzten, seinen Mitarbeitern oder seinen Kapitaleignern getrieben?

Zum besseren Verständnis und auch zur Herausarbeitung möglicher Probleme, die Ihre Kundschaft umtreibt, ist die Branchenstrukturanalyse nach dem Fünf-Kräfte-Modell von Michael Eugene Porter hilfreich. Dieses Modell wurde entwickelt, um herauszufinden, wie attraktiv die jeweilige Branche ist, in der der Unternehmer tätig ist beziehungsweise werden will. Folgende fünf Kräfte wirken vorrangig in der jeweiligen Branche, in der Unternehmen tätig sind:

- *Rivalität zwischen den bestehenden direkten Konkurrenten*
  Je mehr bereits in der Branche „los" ist, desto anspruchsvoller ist das Überleben. Wächst der Markt, oder schrumpft er? Gibt es Werbeschlachten und Preiskämpfe um jeden Kunden?

- *Bedrohung durch neue Anbieter*
  Wie sehen die Eintritts- und Austrittsbarrieren aus? Sind die durchschnittlichen Renditen attraktiv für neue Mitbewerber?

- *Verhandlungsstärke der Lieferanten*
  Können die Lieferanten die Preise bestimmen, weil ihre Produkte einfach ein „Muss" sind? Fallen hohe Kosten an, wenn der Lieferant ausgetauscht werden soll?

- *Verhandlungsstärke der Kundschaft*
  Wie ist die Tendenz zur Bildung von Gemeinschaften zwecks Bündelung des Einkaufs? Welche Forderungen stellen die Kunden zunehmend an die Lieferanten? Werden diese gegeneinander ausgespielt?

- *Substitutionsprodukte*
  Gibt es für das Angebot tatsächlichen oder potenziellen Ersatz?

Je anspruchsvoller die Branche ist, desto nützlicher und wertvoller sind Sie als „sein" Lieferant, wenn Sie ihn dabei unterstützen, diese Kräfte mit Ideen, Konzepten und Strategien in seinem Sinne zu nutzen.

Reflexion/Übung 23

Bitte machen Sie sich darüber Gedanken, wie die Alltagssorgen Ihrer Kunden aussehen. Was sind wirklich ihre Probleme?

_____

_____

_____

_____

_____

Reflexion/Übung 24

Was können Sie tun, um für Ihren Kunden wirklich wertvoll zu sein? Wie können Sie ihm helfen, seine Ziele besser und/oder leichter zu erreichen? Welche Konzepte und Strategien können Sie Ihrem Kunden anbieten, die ihn wirklich weiter nach vorne bringen?

_____

_____

_____

_____

_____

_____

_____

2.7 Kaufkonflikte

Was wollen Kunden wirklich? Sie wollen
- wertschätzend behandelt werden,
- so angenommen werden, wie sie sind,
- nicht belogen werden,
- nicht manipuliert werden,
- vertrauen können,
- nichts vorgespielt bekommen,
- ihre eigenen Bedürfnisse verwirklichen,
- Lösungen und keine Probleme.

Daraus folgt, dass Kunden sich vor einem Kaufabschluss folgende Fragen stellen:
- Haben die mich verstanden?
- Können die das wirklich?
- Werden alle Zusagen eingehalten?
- Welche Erfahrung hat die Firma in diesem Bereich?
- Wie geht der Anbieter mit kritischen Punkten um?
- Welche Folgekosten oder „Haken" gibt es?
- Haben die mich manipuliert – oder ist der Kauf objektiv wirklich vernünftig?
- Ist jetzt wirklich der richtige Zeitpunkt, um zu kaufen?
- Wie gut werden die mir helfen, wenn etwas nicht klappt?
- Wird mich diese Lösung meinen Zielen wirklich näher bringen?

- Wie reagieren meine Kollegen und Kunden auf diese Investition?
- Wenn man zu etwas ja sagt, bedeutet dies auch immer ein „Nein" für etwas anderes. Welche Folgen hat somit das indirekte Nein für das alte System und für die anderen Menschen?

Folgende Anregungen helfen Ihnen, mit Kaufkonflikten besser umzugehen:

- *Bedarfskonflikt: Brauche ich das überhaupt?*

  Helfen Sie dem Kunden, indem Sie ihm helfen, sich über seine Situation klar zu werden und herauszufinden, wie nützlich Ihr Angebot wirklich für ihn ist. Je genauer Sie die Kundenergründung vornehmen, desto leichter können Sie Ihr Angebot in seine Vorstellungswelt platzieren.

- *Angebotskonflikt: Ist es die richtige Lösung für mich?*

  Sobald sich Ihr Kunde überzeugt hat, dass er eine Lösung braucht, fragt er sich, ob Sie der Richtige mit der richtigen Lösung sind. Zeigen Sie ihm, dass Ihre Lösung die beste ist.

- *Abschlusskonflikt: Soll ich, oder soll ich nicht?*

  Nur weil etwas plausibel erscheint, können wir uns nicht unbedingt sofort dafür entscheiden. Soll jetzt eine Entscheidung fallen – oder erst später? Soll es gewagt werden – oder gar nicht? Was spricht dafür, jetzt anzufangen – was dagegen? Helfen Sie dem Kunden durch ein sachliches und offenes Gespräch, hier eine Entscheidung zu treffen.

- *Verantwortungskonflikt: Kann ich diese Entscheidung wirklich verantworten?*

  Was denken meine Kollegen? Darf ich hier überhaupt eine Entscheidung treffen? Kann das womöglich ein anderer besser als ich? Fragen Sie den Kunden konkret, was ihm die Sicherheit geben könnte, dass er mit dem Kauf eine gute Entscheidung trifft. Vielleicht können Sie hier mit ihm gemeinsam einen Weg finden, um diesen Konflikt zu mildern.

Reflexion/Übung 25

Was wollen Sie konkret tun, um mögliche Kaufkonflikte Ihrer Kunden zu reduzieren?

_____

_____

_____

_____

_____

_____

2.8 Nutzen

Nach Freud machen die Menschen all das, was sie machen, um Freude zu gewinnen oder Schmerz zu vermeiden. Immer mehr Menschen gehen ihrer beruflichen Tätigkeit nicht (mehr) mit Freude nach. Teilweise haben sie sogar innerlich gekündigt. Trotzdem „hängen" sie an ihrem Job, weil es sonst womöglich noch schlimmer kommen könnte.

Manch einem Menschen geht es finanziell schlecht. Dennoch kauft er plötzlich etwas, was er sich an sich gar nicht leisten kann oder sollte. Wenn später die Frage des Partners nach dem Kaufgrund kommt, ist häufig die lapidare Antwort: „Das musste einfach mal sein." Doch im Inneren ist dann bei vielen schon längst Kaufreue eingetreten, und die Sache wird zu den Akten gelegt, um nicht an den Fehlkauf erinnert zu werden.

Menschen werden von ihren Gefühlen getrieben. Logik und Vernunft sind nicht zu erkennen, und klare Entscheidungen werden auch nicht getroffen. Natürlich können auch Kaufprozesse versachlicht werden: Mithilfe von Tabellen, Entscheidungskriterien, Gewichtungsfaktoren und ähnlichen Maßnahmen kann versucht werden, Emotionen weitestgehend herauszuhalten. Doch die subjektiven Emotionen des Bewerters sowie desjenigen, der die Bewertungskriterien festlegt, führen indirekt doch wieder zu emotional gefärbten Kaufentscheidungen.

Falls Sie schon einmal Aktien an der Börse gekauft haben, kennen Sie das vielleicht: Eine Aktie wird gekauft. Es werden klare Ziele festgelegt, wann die Aktie zu verkaufen ist. Doch wie oft reden sich Aktionäre den Kurs schön, wenn er fällt und sogar die gesetzte Marke unterschreitet? Da fallen dann sofort Sprüche wie: „Wer eine Aktie nicht hat, wenn sie fällt, der hat sie auch nicht, wenn sie steigt." Also wird an der Aktie weiterhin festgehalten – sie wird ganz bestimmt steigen, sonst hätte man sich die ja nicht gekauft. Viel zu viele Aktionäre realisieren zu schnell ihre Buchgewinne und lassen zu hohe Kursverluste ohne konsequentes Verkaufen zu. Warum? Weil der eigene Gefühlshaushalt und die daraus resultierenden Gedanken bei zu vielen den logischen Verstand abschalten.

Letztlich kaufen Ihre Kunden Vorstellungen. Sie kaufen die Vorstellung, mit dem Kauf gewisse Gefühle befriedigt zu bekommen. Als ich mein erstes Auto gekauft habe, da spielte der Faktor Image beim Kauf eine große Rolle. Heute sind die Faktoren Komfort und Sicherheit für mich wesentlich entscheidender als die Marke. Zumindest glaube ich das. Denn wenn ich hin und wieder ein bestimmtes Automodell sehe, dann frage ich mich doch – auch wenn nur kurz – weswegen hast du dir dieses eigentlich nicht für 20 000 Euro mehr gekauft? Also: Es kommt immer auf die Situation an. Je nach persönlicher Stimmung, individueller Situation und Rahmenbedingungen haben Kaufmotive eine unterschiedliche Rangfolge:

- Gewinn (Kostensenkung/Erlössteigerung)
- Zeitsparen
- Bequemlichkeit
- Sicherheit/Gesundheit

- Geltung/Nachahmung
- Emotionen/gute Gefühle
- Ökologie
- Abwechslung

Aus diesen Kaufmotiven lässt sich viel Nutzen für Ihre Alltagskommunikation ableiten.

Beispielsweise können Nutzenformulierungen bei der Vorstellung einer Person ganz unterschiedliche Emotionen und Gedanken wecken. Stellen Sie sich vor, ein Fremder fragt mich, womit ich mein Geld verdiene. Ich könnte jetzt rein sachlich antworten, oder sehr nutzenorientiert. Was klingt für Sie interessanter?

- „Ich gebe für Verkäufer Verkaufstrainings. Dabei geht es um Kommunikationsmodelle, Gesprächseinstiege, Präsentations- und Einwandbehandlungstechniken, Preiskommunikation, Kundenergründung, Abschlusstechniken und noch vieles mehr."
- „Ich helfe Verkäufern dabei, wie sie mit weniger Stress und Druck systematischer und strukturierter verkaufen. Somit erzielen sie wertschätzend mit ihren Kunden bessere Umsätze und Gewinne und haben mehr Freude im Arbeitsalltag."

Beide Vorstellungen sind an sich ähnlich. Allerdings zähle ich bei der ersten Vorstellung Eigenschaften und Fakten auf, während ich mit der zweiten Version eine sehr entscheidende Frage beantworte, die sich jeder Interessent stellt: „Was habe ich davon? Was bringt mir das?" Je nutzenorientierter Sie sprechen, desto höher ist die Wahrscheinlichkeit, dass der Gesprächspartner Sie versteht und Ihr Angebot haben will. Dennoch berücksichtigen Sie bitte, dass nicht für jeden der einzelne Nutzen gleich wichtig ist. So gibt es beispielsweise viele Verkäufer, die über ihren günstigen Preis verkaufen wollen und an den Profitgedanken ihres Kunden appellieren. Doch speziell bei der Neukundengewinnung zeigt sich dann schnell, dass der Profit sicherlich ein i-Tüpfelchen für viele ist – aber noch wesentlich wichtiger ist die Sicherheit, dass dann alles mindestens weiterhin so gut klappt wie bisher. Wenn dann der Kunde für sich nicht genügend Sicherheit, Komfort bei der Veränderung und Image bei seinen Kollegen und Kunden sieht – dann ist der billige Preis schnell uninteressant. Nicht immer – aber doch häufiger, als so manch ein Stratege dachte, der mit seinem billigen Preis den Markt revolutionieren wollte.

Viele Verkäufer finden es schwierig, eine solche Formulierungsart für sich zu entwickeln. Nachfolgende Übersicht ist hilfreich. Tragen Sie ganz oben Ihr Angebot ein, und ergänzen Sie die nachfolgenden Verben um Sätze, die auf Ihr Angebot zugeschnitten sind.

Produkt/Dienstleistung aus Sicht des Kunden	
fördert	
schafft	
erleichtert	
verringert	
erhöht	
erweitert	
vermeidet	
spart	
schützt vor	
ermöglicht	
leistet	
minimiert	
optimiert	
bringt	
befreit von	
führt zu	

Produkt/Dienstleistung aus Sicht des Kunden	
senkt	
sichert	
maximiert	
stärkt	
sorgt für	
verhindert	
reduziert	
garantiert	

Vielleicht wundern Sie sich, dass manche Worte doch an sich das Gleiche bedeuten – aber dennoch hier einzeln aufgeführt sind. Das hat einen wichtigen Grund: Das Gehirn denkt assoziativ. Somit fallen Ihnen zu bestimmten Worten Formulierungen ein, auf die Sie sonst nicht gekommen wären. Diese Überschneidungen sind beabsichtigt, weil sie nicht zwangsläufig zu den gleichen Lösungen bzw. Formulierungen führen.

Wenn ich mir jetzt beispielsweise Gedanken darüber mache, was mein spezielles Training aufbauend auf diesem Buch potenziellen Interessierten und Kunden bringt, dann fallen mir spontan folgende Antworten ein:

Produkt/Dienstleistung aus Sicht des Kunden Training „Verkaufen auf Augenhöhe"	
fördert	die Kompetenz der Teilnehmer
schafft	neue Perspektiven im Verkaufsalltag
erleichtert	den zwischenmenschlichen Umgang
verringert	die Resignation nicht weiterzukommen
erhöht	das Selbstwertgefühl und die Umsätze

Produkt/Dienstleistung aus Sicht des Kunden Training „Verkaufen auf Augenhöhe"	
erweitert	den Horizont
vermeidet	unbedacht falsch zu reagieren
spart	Zeit, weil Teilnehmer zielorientierter werden
schützt vor	Fehlern, die nicht notwendig sind
ermöglicht	sich selbst besser zu verstehen
leistet	einen Beitrag zur Unternehmenskultur
minimiert	das Besuchen falscher Kunden
optimiert	die Potenzialausschöpfung
bringt	mehr Zufriedenheit
befreit von	dem Gefühl, nicht weiterzukommen
führt zu	mehr Spaß
senkt	das Risiko, Kunden falsch zu behandeln
sichert	bestehende Kunden
maximiert	Chancen auf neue Kunden
stärkt	die Authentizität und die Selbstreflexion
sorgt für	Umsätze, die sonst nicht erreichbar wären
verhindert	Alltagstrott und Hoffnungslosigkeit
reduziert	Fehler durch unangemessene Wortbeiträge
garantiert	mehr Chancen als Probleme zu sehen

Aus diesem Material kann man nun zwei oder drei Formulierungen aussuchen, die einem gut gefallen, und diese weiterentwickeln. Oder man füllt diesen Bogen ein paar Tage später erneut aus und schaut, um welche Aussagen die Worte dann ergänzt werden.

Noch intensiver und professioneller sind nutzenorientierte Aussagen, wenn Sie Brückenworte wie „das bedeutet für Sie" und „das bringt Ihnen" einflechten.

Bitte berücksichtigen Sie: Wenn Sie den Nutzen von sich aus formulieren, dann können Sie im Idealfall genau das Bedürfnis des Kunden treffen. Doch besser ist es, wenn Sie den Kunden selbst dazu bringen, seinen Nutzen zu formulieren, den er sich von Ihrem Angebot verspricht. Dabei helfen Ihnen Problem-, Auswirkungs- und Nutzenfragen, die in Kapitel 3 vorgestellt und erläutert werden.

Manche Verkäufer formulieren auch nach diesem Schema oder kombinieren regelmäßig zwei oder drei Inhalte dieses Schemas miteinander:

Merkmal
+
Vorteil
+
Die Folge davon
+
Nutzen für Firma des Kunden
+
Nutzen für Einkäufer der Firma

Abbildung 8: Nutzen sind wichtiger als Merkmale

Berücksichtigen Sie folgende Sachverhalte bei der Arbeit mit Nutzen:

- Der Kunde stellt immer eine innere Rechnung auf:
  Wahrgenommene Qualität (Nutzen)
  ./. Wahrgenommener Preis (Kosten, Aufwand)
  = Entscheidungswert (Nettonutzen)

- Das jeweilige individuelle Anspruchsniveau des Kunden bestimmt, welche Alternativen überhaupt in die engere Auswahl gelangen und bei wem schlussendlich der Kauf getätigt wird.
- Es zählt letztlich das, was Sie sagen und noch viel mehr das, was sich im Kopf des Kunden festsetzt. Aber ein Kunde wird nur dann kaufen, wenn er es nicht nur braucht, sondern auch will. Doch gerade dieser Wille wird umso negativer beeinflusst, je mehr verkäuferische Tricks der Verkäufer anwendet.
- Kombinieren Sie den Nutzen, beispielsweise zu Gesprächsbeginn: „Es geht darum, wie Sie mit Ihrer Dienstleistung neue Kunden gewinnen und zusätzlich Ihren Kunden etwas leichter verkaufen können." Sagen Sie als Verkäufer häufiger, was der Kunde von Ihrem Vorschlag hat und was es ihm bringt. In der Autowäscherei sollte der Kassierer also besser sagen: „Möchten Sie lieber mit Nano, dann bleibt ihr Wagen länger schön sauber?" statt „Mit oder ohne Nano?"

Reflexion/Übung 26

Erarbeiten Sie einige nutzenorientierte Formulierungen, die Sie in Ihrem Verkaufsalltag gut verwenden können. Richten Sie diese aus an Ihre Firma (Warum soll ich gerade von Ihrer Firma kaufen?) und an Ihre drei wichtigsten Produkte (Warum soll ich gerade dieses Produkt von Ihnen kaufen?).

Reflexion/Übung 27

Überprüfen Sie Ihre Texte. Schauen Sie sich Ihre Firmenwebseite, Ihre Verkaufsunterlagen und Ihre Werbeanzeigen an. Formulieren Sie dort bereits nutzenorientiert? Wenn nicht, was wollen Sie jetzt daran ändern?

_____

_____

_____

_____

_____

_____

Reflexion/Übung 28

Erstellen Sie eine Vorteilsliste, aus der Ihre gesamten Stärken hervorgehen, die Sie, Ihre einzelnen Produkte und Ihre Firma Ihrer Kundschaft bieten oder bieten könnten.

_____

_____

_____

_____

_____

_____

2.9 Ihre persönliche Zielvereinbarung

Die folgenden fünf Erkenntnisse aus dem zweiten Kapitel möchte ich in meinen Alltag übernehmen:

1. _____

2. _____

3. _____

4. _____

5. _____

2.10 Einsendeaufgaben

1. Senden Sie mir bitte drei nutzenorientierte Sätze, die besagen, warum Kunden bei Ihrer Firma kaufen sollten.

2. Schreiben Sie fünf Maßnahmen auf, die es Ihren Kunden zukünftig (noch) leichter machen werden, bei Ihnen zu kaufen.

3. Kapitel: Warum Fragen unterschiedlich wirken: der bewusste Einsatz geschickter Frageformen

3.1 Frageformen

Nun war es so weit. Mein Handyvertrag lief bald aus. Weil ich bisher nur eine Flatrate in das Festnetz hatte, aber wusste, dass ich zukünftig deutlich mehr ins Mobilnetz telefonieren würde, wäre eine Verlängerung des alten Vertrages für mich nicht sinnvoll gewesen. Also fing ich an, Handy-Geschäfte abzuklappern.

Bis zu diesem Zeitpunkt hatte ich das Vorurteil, dass Handy-Verkäufer sehr viel Druck haben und schnell verkaufen wollen – oder gar müssen. Doch ich wurde eines Besseren belehrt. Allein meine Aussage „Guten Tag, ich möchte gerne einen neuen Handy-Vertrag, meiner läuft bald aus", führte dazu, dass ich mir sehr häufig Vorträge anhören „durfte". Statt mich zu fragen, welche Erwartungen ich an meinen neuen Vertrag hätte, wurde ich über viele Dinge informiert, die mir vorher so gar nicht bewusst waren. Die für mich teilweise neuen Informationen verunsicherten mich derartig, dass ich froh war, noch nicht kündigen zu müssen. Denn ein paar Wochen hatte ich noch, bevor ich zum Verlassen des bestehenden Vertrages kündigen musste. Also machte ich erst einmal gar nichts und ging mit dem Gefühl „Egal was du nun machst, es gibt keinen Vertrag, mit dem du die nächsten zwei Jahre die beste Wahl getroffen hast" nach Hause.

Ähnliches erlebte ich in einer Bank. Ich wollte Geld in einen Fond anlegen. Doch „mein" Bankberater fing an, mir Dinge über Fonds zu erzählen („langfristig sicher, weil man durch regelmäßige Anlagen sowohl zu niedrigen als auch zu hohen Kursen kauft." Oder „Die Branchen X, Y und Z bzw. die Regionen A, B und C laufen jetzt gut."), die ich bereits wusste bzw. meinte zu wissen. Das einzige, was ihn zu diesem Gesprächsmonolog einlud, war meine Aussage, dass ich Geld in Fonds anlegen möchte. Nach etwa fünf

Minuten unterbrach ich ihn und sagte: „Nun hören Sie endlich auf, mir Dinge zu erzählen, die ich schon weiß. Sie haben mir doch selbst schon einmal erzählt, dass Sie Verkaufstrainings besuchen – wieso fragen Sie mich nichts, sondern texten mich zu?" Sein Blick zeigte mir, dass er wohl noch nie zuvor von einem Kunden derartig unterbrochen worden war. Aber war nun er unhöflich – oder ich?

Die Qualität der Fragen bestimmt maßgeblich den weiteren Verlauf des Gesprächs. Nach meiner Einschätzung spricht wenig dagegen, beispielsweise in einem Verkaufsgespräch dem Kunden mehrere Fragen hintereinander zu stellen – sofern die Beziehung stimmt, für beide Seiten das Gesprächsziel erkennbar ist und auch dem Kunden die Fragen einen Nutzen bieten beziehungsweise sinnvoll erscheinen.

Dennoch zeigt die Praxis, dass viele Verkäufer zu wenige Fragen stellen – und wenn, dann häufig welche, die das Gespräch nicht wirklich voranbringen.

Dies hat beispielsweise folgende Gründe:

- Manche Verkäufer wollen ihre Kunden nicht ausfragen und stellen deswegen selten Fragen, weil sie sonst glauben, „dumm dazustehen".

- Einige Verkäufer meinen genau zu wissen, was die Kunden brauchen und wollen – und stellen deswegen wenige bis keine Fragen.

- Häufig glauben Verkäufer nicht nachfragen zu müssen, weil sie glauben, den Kunden eindeutig zu verstehen, oder sie gehen davon aus, dass der Kunde aufgrund einer Frage zu diesem Thema alles sagt.

- So manche Verkäufer haben Angst, Antworten zu bekommen, die für ihre Präsentation und ihren Verkaufsabschluss eher hinderlich sind.

- Andere Verkäufer haben sich bisher über ihre Fragen und die möglichen positiven Auswirkungen auf den Gesprächsverlauf wenig Gedanken gemacht und setzen diese deshalb nicht gezielt ein.

Zu viele Fragen, oder auch die falschen Fragen, können den Gesprächspartner aber auch verschließen. Denn mit Fragen kann auch vom ursprünglichen Gesprächsinhalt abgelenkt werden. Sie führen nicht nur, sondern verführen auch. Schließlich werden mit Fragen häufig auch gewisse Teile der Antwort vorweggenommen. Aus diesem Grund hat das Fragen an sich nicht unbedingt etwas mit Verstehen-wollen und Aufeinander-eingehen zu tun. Manch ein kritischer Gesprächspartner wird sich auch fragen: „Wieso werde ich das jetzt gerade gefragt?" und „Was für eine Antwort wird nun von mir erwartet?".

Zu den offenen und geschlossenen Fragen wurde in der Literatur schon viel geschrieben. Gewöhnlich sind sie auch Bestandteil von Verkaufstrainings. Dennoch geistern hier häufig pauschale Merksätze und Weisheiten durch die Köpfe, die bei genauerer Betrachtung gar nicht stimmen können. Die Auffassung „Nur wer fragt, bekommt Informationen. Wer offene Fragen, also W-Fragen verwendet, bekommt viele Informationen, während er nur ein Ja oder Nein auf geschlossene Fragen erhält", ist zu kurz gedacht und für das Verkaufsgespräch unzutreffend.

So könnten sowohl die Fragen „Wollen Sie etwas trinken?" als auch „Wollen Sie noch einen Kaffe trinken?" mit Ja oder mit Nein beantwortet werden. Dennoch wären auch andere Reaktionen denkbar, wie beispielsweise die Gegenfragen „Haben Sie auch ein Wasser für mich?" und „Trinken Sie denn auch etwas?" oder Aussagen wie „Ich möchte Cola.", die gegebenenfalls mit „Nein. Danke." eingeleitet werden.

Sie lenken also mit geschlossenen Fragen die Wahrnehmung auf Ihr Ziel, doch spätestens wenn es nicht auch das Ziel des Gesprächspartners ist, werden Sie kein klares Ja bekommen, allerdings aber auch nicht unbedingt zwangsläufig ein klares Nein. Schlimmstenfalls werden Sie bei der Verwendung einer geschlossenen Frage in der falschen Situation ein derartig emotional aufgewühltes „Nein!!!" – oder diplomatisch verpacktes – bekommen, dass Sie das Gespräch eigentlich sofort beenden können.

Der Grund, weshalb Sie auf eine klare Frage nicht immer eine klare Antwort bekommen, liegt unter anderem darin, dass Sie den Gefragten auch schnell in eine gewisse Ecke lenken. Doch in diese will der Gefragte nicht unbedingt gehen. Selbst beim Einsatz von Fragebögen für Umfragen bekommen Sie nicht immer ein Ja oder Nein. Deshalb gibt es häufig ein Schlupfloch in Form des Feldes „Weiß nicht", weil offensichtlich eine klare Stellungnahme nicht immer möglich ist beziehungsweise schwerfällt. Mit geschlossenen Fragen legen Sie eine gewisse Tendenz zu diesen beiden Antworten, aber eine Garantie darauf gibt es nicht. Häufig werden geschlossene Fragen zum Ende eines Gesprächs eingesetzt, um auf das Gesprächsziel zuzusteuern. Wenn Sie die Wahrscheinlichkeit erhöhen wollen, ein Ja auf eine geschlossene Frage zu bekommen, dann verbinden Sie Ihre Frage am besten immer mit Nutzen oder für Kunden als wichtig eingestufte Kriterien. Beispielsweise „Wollen wir uns auf dieses Fernsehmodell einigen, damit Sie das modernste Modell mit dem besten Preis-Leistungs-Verhältnis bekommen?" oder „Wir haben uns nun drei verschiedene Modelle angesehen. Sie haben mir gesagt, dass Ihnen A, B und C wichtig sind. Dieses Modell hier erfüllt diese Kriterien am besten. Wollen Sie das nehmen?"

Ebenso wird Sie nicht jeder Gesprächspartner mit Informationen versorgen, nur weil Sie eine offene Frage, auch häufig W-Frage genannt, stellen. Mit gewissen W-Fragen erhöhen Sie die Tendenz, mehr Informationen zu bekommen als mit anderen.

Sehr wahrscheinlich bekommen Sie auf diese Fragen aussagekräftigere Antworten:

- „Wie denken Sie darüber?"
- „Was halten Sie davon?"
- „Weshalb ist es dazu gekommen?"

Auch wenn diese Antworten häufig etwas länger ausfallen, ist damit meistens noch nicht alles gesagt. Deswegen ist es sehr hilfreich, dass Sie bei solchen Fragen nachhaken, um die Antwort zu vertiefen und die Qualität des Gesprächs zu erhöhen. Wenn Sie also Ihren Kunden fragen „Was ist Ihnen wichtig?", dann werden Sie nicht automatisch alle Punkte wegen dieser einen Frage erläutert bekommen. Doch häufig wird nicht nachgefragt – entweder aus Zeitdruck oder aus der Denkhaltung des Verkäufers „Ich weiß sowieso, was der Kunde wirklich braucht und bin mir ganz sicher, ihn eindeutig zu verstehen."

Auf folgende W-Fragen wird die Antwort meist kurz ausfallen:

- „Wollen Sie das bitte hier unterzeichnen?"
- „Würden Sie mir bitte Ihr Lager zeigen?"
- „Werden Sie dann den Lieferanten wechseln?"

Spezielle Fragen sind die Formulierungen mit „Warum". Sehr schnell fühlt sich der Gefragte unter Druck gesetzt, wenn er beispielsweise auf die Frage „Warum haben Sie nicht eher etwas gesagt?" antworten muss. Letztlich hat diese meist negative Einstellung zu diesem Fragetyp etwas mit unserer Erziehung zu tun. Weil viele Eltern und Lehrer ihre „Untergebenen" ohne böse Absicht schon in der Kindheit mit Fragen wie „Warum kommst du zu spät?" oder „Warum hast du deine Hausaufgaben nicht gemacht?" rhetorisch in eine Ecke getrieben haben. Denn häufig war die Antwort auf solche Fragen egal, den Ärger gab es sowieso. Dadurch wurde auf solche Fragen schon damals mit zunehmendem Lernprozess auch nicht unbedingt immer mit der Wahrheit geantwortet, sondern mit einer Aussage, die mit sehr hoher Wahrscheinlichkeit den Erwartungen des Fragenden entsprochen hat.

Wenn Sie also bemerken, dass Ihr Kunde beispielsweise nun schon seit einigen Monaten nicht mehr kauft und mit Bestellungen überfällig ist, wäre die Frage „Warum kaufen Sie nicht mehr bei mir?" psychologisch ungeschickt. Aussagekräftigere Antworten werden Sie bekommen, wenn Sie beispielsweise fragen:

- „Ich habe bemerkt, dass Sie schon etwas länger nicht mehr bei mir bestellen. Was meinen Sie, woran liegt das?"

- „Sie haben schon länger nicht mehr bei mir gekauft. Irgendetwas scheint passiert zu sein, doch leider ist mir da wohl etwas entgangen. Und da dachte ich, bevor ich nun lange spekuliere, frage ich einfach Sie: Woran liegt es, dass wir im Moment weniger Aufträge machen als sonst?"

Gehen Sie am besten mit Warum-Fragen (und auch der abgeschwächten Variante „wieso") wohldosiert um. Doch eine generelle Verdammung von Warum-Fragen ist ebenfalls nicht notwendig. Gewöhnlich werden Sie mit dieser Frageeinleitung keine Widerstände provozieren, wenn das Gespräch auf einer rein sachlichen Ebene läuft:

- „Warum soll das Kabel genau fünf Meter lang sein?"
- „Wieso löst die Blu-ray Disc zunehmend die DVD ab?"

Aber Sie bekommen nicht nur Antworten und Informationen, indem Sie fragen. Die Frage beispielsweise nach der Versandadresse können Sie ebenso gut in eine Aufforderung verpacken „Sagen Sie mir bitte, an welche Adresse wir die Ware senden sollen." oder in einen Wunsch „Ich hätte nun gerne von Ihnen gewusst, an welche Adresse wir die Ware senden dürfen.".

Abbildung 9 zeigt Ihnen die Antworttendenzen aufgrund unterschiedlicher Fragen.

Beispielfrage:	„Wollen wir das so machen?"	„Wann benötigen Sie die Ware?"	„Was ist Ihnen bei Ihrem Lieferanten wichtig?"	„Welche Erwartungen haben Sie?"
wahrscheinliche/ mögliche Antwort:	Kurzes Statement in Form von „Ja" oder „Nein"	Konkretes Detail zu einem vorgegebenen Thema	Mehrere Informationen zu einem vorgegebenen Thema	Informationen/Aussagen, die der Kunde für relevant hält

⬅———————————————————➡
Geschlossene Frage   Offene Frage

Abbildung 9: Die Qualität der Frage bestimmt die Qualität der Antwort

Reflexion/Übung 29

Achten Sie die nächsten Tage noch bewusster auf die Antworten, die Sie aufgrund Ihrer Fragen bekommen. Kommen Sie durch die Fragen wirklich weiter? Bekommen Sie immer ein „Ja" oder „Nein", wenn Sie eine geschlossene Frage stellen? Wie fühlt sich Ihr Gesprächspartner vermutlich, wenn er Ihnen Antworten gibt?

_____

_____

_____

_____

_____

Reflexion/Übung 30

Wie verhalten Sie sich, wenn Sie Fragen gestellt bekommen? Welche Fragen „nerven" Sie? Welche Antwort erwartet Ihr Gegenüber – und was antworten Sie? Weshalb antworten Sie so und nicht anders? Verhalten Sie sich bestimmten Fragestellern gegenüber anders als anderen? Was ist der Grund?

_____

_____

_____

_____

_____

_____

Fragen helfen Ihnen, Ihren Kunden und seine individuelle Situation besser zu verstehen. Sie können dadurch zielgerichteter kommunizieren. Sie zeigen somit nicht nur Interesse, sondern aktivieren Ihren Kunden und können gegebenenfalls Missverständnisse korrigieren. So können Sie Ihre Fragequalität steigern:

- Stellen Sie nicht mehrere Fragen gleichzeitig. Auf der einen Seite wirkt das auf den Kunden irritierend, auf der anderen Seite gehen Sie das Risiko ein, dass nur die Fragen beantwortet werden, die dem Kunden am einfachsten erscheinen.

- Passen Sie auf, welche Informationen Sie vorab geben. Wenn Sie beispielsweise während der Präsentation sagen, dass die meisten Kunden drei Sortimente nehmen und Sie den Kunden später fragen, wie viele Sortimente er nehmen möchte, dann werden Sie mit hoher Wahrscheinlichkeit diese drei verkaufen, auch wenn er sonst sechs genommen hätte.

- Geben Sie dem Kunden Zeit zum Nachdenken, wenn Sie wirklich eine Antwort haben wollen. Andernfalls sollten Sie sich fragen, weshalb Sie überhaupt die Frage stellen. Wer Fragen stellt, ohne auf die Antwort zu warten – oder gar die Antwort unterbricht –, stört schnell die Beziehung nachhaltig und bekommt den Ruf eines Besserwissers.

- Beantworten Sie die Fragen nicht selbst, auch wenn Sie glauben, die Antwort zu kennen. So würden Sie sich keinen Gefallen tun, wenn Sie beispielsweise fragen: „Weswegen kaufen Sie in diesem Jahr weniger? Wahrscheinlich, weil Sie …, oder?"

- Vor vielen Jahren war es wohl modern, suggestiv vorzugehen. Doch Sie üben unangemessenen Druck aus, wenn Sie den Kunden mit Formulierungen konfrontieren wie „Ihnen ist es doch auch wichtig, dass …, oder?" und „Sie sind doch sicherlich auch daran interessiert, Geld zu sparen, nicht wahr?"

- Fragen Sie nicht nach zu vielen Details, die Ihr Gegenüber womöglich gar nicht beantworten kann.

- Beachten Sie einen roten Faden. Es verwirrt alle Beteiligten, wenn Sie mit Ihren Fragen immer wieder unterschiedliche Themenbereiche anschneiden. Besser ist es, einzelne Themenblöcke nacheinander zu besprechen und entsprechend die zu den einzelnen Themenblöcken angemessenen und passenden Fragen zu stellen.
- Es kann sein, dass Sie manchmal Fragen stellen müssen, die nicht gerne beantwortet werden. Beispielsweise reden manche Menschen nicht gerne über Ihre finanzielle Situation. Doch wenn Sie aufgrund von Firmenvorgaben sensitive Informationen benötigen, müssen Sie fragen.
  - Erklären Sie, weswegen dem Kunden solche Fragen gestellt werden müssen. Stellen Sie den Vorteil für den Kunden heraus, wenn er sie beantwortet. Gewinnt er dadurch beispielsweise mehr Sicherheit?
  - Sie können die Akzeptanz solcher Fragen möglicherweise dadurch steigern, dass Sie erklären, dass alle Kunden diese Fragen beantwortet haben.
  - Betonen Sie die Vertraulichkeit der Informationen.
  - Überlegen Sie, wie Sie möglicherweise negative Begriffe in der Frage neutraler formulieren können.

Reflexion/Übung 31

Bitte gehen Sie diese Empfehlungen noch einmal in Ruhe durch. Welche halten Sie tendenziell nicht ein? Was können Sie tun, um zukünftig Ihre Fragequalität zu verbessern?

_____

_____

_____

_____

3.2 Fortschritte statt Fortsetzungen

Professionell und hilfreich sind somit alle Fragen, die Ihnen und Ihren Kunden helfen, das Gesprächsziel zu erreichen bzw. weiter voranzukommen. Doch merkwürdigerweise stellen viele Verkäufer gewisse Fragen nicht, vielleicht, weil sie vor der Antwort Angst haben. So erlebe ich sehr häufig, dass Verkäufer über viele Jahre hinweg Kleinstkunden besuchen. Sie werden dabei immer durch die Hoffnung gestärkt, dass sich der Bedarf dieser Kleinstkunden ja auch plötzlich einmal steigern könnte. Aber wie realistisch ist diese Hoffnung? Wenn ein Kunde seinen Umsatz über fünf Jahre hinweg nicht gesteigert hat, wieso soll er dann ohne den entscheidenden Anstoß vom Verkäufer im nächsten Jahr von alleine erheblich mehr kaufen?

So gibt es Branchen, in denen Verkäufer einen Kunden acht- bis zehnmal im Jahr besuchen, weil er dreimal im Jahr bestellt und letztlich einen Jahresumsatz von 500 Euro macht. Bei einem Vertriebstraining habe ich mit den Teilnehmern ermittelt, dass sie mit diesen Kunden letztlich einen Stundenlohn von knapp zwei Euro über die Provision erwirtschaften und als Team knapp 1 000 Stunden jährlich in diese Kundengruppe investieren. Da fallen mir sofort sehr viele Fragen ein: Was wäre alles möglich, wenn diese Außendienstmannschaft nur die Hälfte dieser 1 000 Stunden für die Neukundengewinnung zusätzlich aufbringen würde? Was könnte der Außendienst alles erreichen, wenn er die Hälfte der Zeit verwenden würde, gemeinsam Verkaufsstrategien zu erarbeiten und Neues auszuprobieren? Und ganz nebenbei: Wie dramatisch würde der Umsatz mit solchen Kunden wirklich wegbrechen, wenn in Rücksprache mit diesen das Besuchsintervall halbiert wird?

Warum sollte ein Kunde von sich aus zu dem Verkäufer sagen: „Mensch, Du kommst jetzt schon fünf Jahre hierher. Ich schicke Dich sehr häufig ohne Auftrag weg und mache nur 500 Euro jährlich mit Dir. Heute ist Dein Glückstag. Ab jetzt werde ich jährlich 5 000 Euro mit Dir machen!"? Ich befürchte eher, dass hinter solchen Geschäftsbeziehungen mehr Gewohnheiten und Gefälligkeiten stehen, statt ernsthafte gegenseitige Wertschätzung und Interesse an einer erfolgreichen und professionellen Zusammenarbeit.

Die folgenden beiden Formulierungen könnten Sie beispielsweise einsetzen:

- „Lieber Kunde, ich komme jetzt schon seit fünf Jahren hierher. Wir sehen uns nahezu jeden Monat, und zirka alle drei Monate kommt es zu einer Bestellung. Ich habe mich gefragt, ob es für uns beide nicht viel sinnvoller wäre, wenn ich nur noch alle drei Monate hier persönlich aufschlage und Sie im Rhythmus von anderthalb Monaten zwischendurch anrufe. So sparen wir beide Zeit und bleiben dennoch in Kontakt. Wie sehen Sie das?"

- „Sie bestellen bei mir alle drei Monate Ware. Wäre es für Sie vielleicht sinnvoller, wenn wir stattdessen einmal im Jahr eine etwas größere Bestellung machen und ich Ihnen im Gegenzug ein wenig mit den Konditionen entgegenkomme? Auf diese Weise würden Sie benötigte Ware zu besseren Konditionen erhalten. Was halten Sie von dieser Idee?"

Wenn Sie als Verkäufer viele Kleinstkunden „verwalten" und hier nicht die Initiative ergreifen, werden Sie keine Kapazität für produktivere Aufgaben bekommen. Natürlich kann es sein, dass Sie von dem einen oder anderen Kunden dann hören „Ich möchte eigentlich gar nicht mit Ihnen zusammenarbeiten. Aber als kleine Anerkennung für Ihre Mühe habe ich Ihnen bisher immer sporadisch einen kleinen Auftrag gegeben." Aber was macht das schon? Solch ein Kunde hätte mit höchster Wahrscheinlichkeit zukünftig nie entscheidend mehr gekauft. Außerdem können Sie bestimmt bei anderen Interessenten und Kunden mittelfristig mehr Geld verdienen.

Achten Sie somit darauf, dass Sie mit Ihren Fragen regelmäßig für Fortschritte sorgen, sonst haben Sie nur langweilige Fortsetzungen.

Reflexion/Übung 32

Gehen Sie jetzt systematisch Ihr Kundenregister durch. Schauen Sie sich an, wie viele Kunden Sie derzeit haben, welche sich in den letzten Jahren umsatzmäßig nicht verändert haben – aber immer noch ein beträchtliches Potenzial bieten. Überlegen Sie sich bitte drei Fragen, mit welchen Sie es Ihren Kunden leichter machen wollen, die Geschäftsbeziehung mit Ihnen zukünftig neu aufleben zu lassen.

Reflexion/Übung 33

Sehr wahrscheinlich wird mit Ihrer Frage nicht jeder Kunde sofort eine Idee im Hinblick auf den Ausbau der Zusammenarbeit haben. Machen Sie sich bitte für die ersten zehn Kunden Gedanken, wo Sie mögliche Felder für eine bessere Zusammenarbeit sehen. Was hat der Kunde davon, wenn er diesen Weg mit Ihnen geht? Wie wollen Sie ihm das Ganze schmackhaft machen?

3.3 Fragen jenseits typischer Verkäuferkommunikation

In den Bereichen der psychologischen Beratung unterscheidet Karl Tomm vier verschiedene Fragetypen. Diese sollten Sie auch für Ihren Verkaufsalltag kennen und gezielt einsetzen. Denn speziell der geschickte Einsatz der zirkulären und reflexiven Fragen wird Ihnen helfen, Aspekte aus einer ganz anderen Wahrnehmung heraus zu bemerken und zu beantworten.

Lineare Fragen

Sie dienen ausschließlich der Orientierung und Information des Fragenden. Beispielsweise „Wer ist für den Einkauf verantwortlich?", „Wie hoch ist Ihr Jahresbedarf?", „Wie läuft bei Ihnen der Prozess XY ab?". Diese Fragen bringen ausschließlich den Fragenden weiter, der Gefragte wird sich zunehmend langweilen und sich ausgefragt fühlen. Deswegen sind diese Fragen nur sparsam zu verwenden.

Strategische Fragen

Bei diesen Fragen verpackt der Verkäufer seine eigene Wertung in die Frage, als ob er selbst „die Weisheit mit Löffeln gegessen" hätte. Jeder hat seine eigenen Erfahrungen und hat daraus Meinungen gebildet. Manche wollen/können eine andere Meinung als die eigene nicht gelten lassen. Dies wirkt sich dann auch schnell auf die Fragequalität aus, sodass der Verkäufer mit seiner Fragestellung seine Meinung beispielsweise derartig mitkommuniziert: „Merken Sie denn nicht, dass Ihr bisheriger Lieferant Sie ausnutzt?", „Finden Sie nicht auch, dass es an der Zeit ist, den Lieferanten zu wechseln und zu uns zu kommen?" oder „Ja, wollen Sie sich denn nicht verbessern?"

Speziell unerfahrene Verkäufer stellen solche Fragen schnell ohne böse Absicht. Sie wollen ihren Kunden verstehen und fragen dann beispielsweise als Finanzberater ihre potenziellen Kunden „Wieso haben Sie Ihr Geld bisher so angelegt?", „Wenn Sie mit der Rendite nicht zufrieden sind, warum haben Sie dann nicht eher die Anlagestrategie gewechselt?" und „Wie sind Sie eigentlich auf so eine schlechte Anlagestrategie gekommen?". Viele merken hierbei nicht, dass sie mit den Fragen indirekt die Botschaft „Du bist nicht o.k." kommunizieren. Aber möglicherweise stellt manch ein Verkäufer solche Fragen auch bewusst, um eine Anekdote „über einen blöden Kunden" auf der nächsten Vertriebstagung parat zu haben. Doch hier wird gewöhnlich der Kunde zuletzt lachen, weil er nach dem Gespräch (weiterhin) woanders kauft.

Mit solchen Fragen werden Rechtfertigungen provoziert. Sie bringen gewöhnlich wenig Positives mit sich. Denn selten wird ein Kunde die mitgesandte Meinung widerstandslos übernehmen und akzeptieren. Auch bei psychologischen Beratungen werden strategische Fragen selten eingesetzt. Obwohl man davon ausgehen könnte, dass Berater und Ratsuchende häufig noch viel eher als Verkäufer und Kunde ein gemeinsames Ziel haben, führen sie auch hier schnell zur Verweigerung bis hin zum Abbruch. Somit könnte man fast sagen, dass strategische Fragen ein Verzweifelungsakt hilfloser Verkäufer sind, welche mit ihrem Latein am Ende sind und deswegen als letzten Trumpf die suggestive Methode wählen.

Zirkuläre Fragen

Mit dieser Frageform sollen neue Perspektiven und Muster eröffnet werden. Dazu werden Wahrnehmungen und Fakten miteinander kombiniert, um sowohl Zusammenhänge als auch Unterschiede herauszuarbeiten. Es werden nicht anwesende Dritte (Kunden, Kollegen, ...) mit in die Frage einbezogen:

- „Woran liegt es, dass Sie sich für ein Gespräch mit mir entschieden haben?"
- „Woran merken Ihre Mitarbeiter, dass es funktioniert?"

- „Wie würden Ihre Kunden reagieren, wenn Sie das machen würden?"
- „Wie kommt Ihr Kollege zu dieser Meinung?"
- „Mal angenommen, ich wäre heimlich dabei: Was würde ich beobachten?"
- „Wer außer Ihnen macht sich sonst noch Gedanken über die zunehmenden Reklamationen?"

Mit zirkulären Fragen reißen Sie mentale Mauern ein, indem Sie Ihrem Kunden helfen, neue Perspektiven wahrzunehmen.

Speziell das Durchdenken der letzten Beispielsfrage wird dem Kunden verdeutlichen, dass die Reklamationen nicht nur ihn quälen, sondern auch seine Mitarbeiter und seine Kunden. Schlussendlich wird der Kunde damit selbst zunehmend eine Handlungsnotwendigkeit erkennen. Es versteht sich von selbst, dass Sie diese Frage nur als Alternativlieferant stellen – und nicht als gegenwärtiger Lieferant, der für die Reklamationen mitverantwortlich ist.

Mithilfe von Skalierungsfragen arbeiten Sie heraus, wie Ihr Gesprächspartner die Situation einschätzt: „Mal angenommen, wir hätten ein Thermometer. 0° steht für kalt und 100° für kochend. Mit wie viel Grad würden Sie den derzeitigen Zustand einschätzen?" Es bietet sich dann an zu fragen, auf wie viel Grad die Kunden oder Mitarbeiter das Thermometer einschätzen. Lassen Sie sich überraschen, welche Antworten Sie bekommen, wenn Sie dann beispielsweise fragen: „Was müsste passieren, damit die Temperatur bei Ihren Mitarbeitern sinkt/steigt?"

Reflexive Fragen

Mit diesem Fragetyp finden Sie gemeinsam heraus, was das Kundenproblem aufrechterhält, in welchen Zusammenhängen es steht und was es begünstigt. Mit ihm können Sie den Kunden zum Nachdenken über Alternativen bringen.

Diese Fragen wirken ein wenig anspruchsvoll, weil sie gewöhnlich im Alltag nahezu nie gestellt werden und möglicherweise auch für Verunsicherung sorgen. Doch ohne Verunsicherung wird ein Umdenken nur schwer möglich sein. Denn Umdenken gehört zu jedem Lernprozess.

- „Angenommen, wir würden eine Lösung finden. Was wäre dann anders für Sie?"
- „Wenn es uns gelingt, eine Lösung zu finden, was ändert sich dann für Sie?"
- „Angenommen, Sie hätten diese Reklamationen nicht mehr. Was wäre dann für Sie anders?"
- „Angenommen, ein Zauberer käme und würde das Problem beseitigen. Was würden Sie dann zuerst tun?"
- „Mal angenommen, es käme alles noch viel schlimmer. Wie würden Sie dann reagieren?"
- „Wie lange halten Sie die Situation so noch aus?"
- „Was soll auf jeden Fall so bleiben, weil es sich bewährt hat?"
- „Wie könnten Sie Ihre Mitarbeiter am ehesten überzeugen?"
- „Welche Veränderungen würden Ihren Kunden am leichtesten fallen?"
- „Was passiert dann?"
- „Wie erklären Sie sich diesen Widerspruch?"
- „Wie wissen Sie das?"

Sie werden es sich und Ihrem Kunden leichter machen, wenn Sie diese Fragen verpacken. Denn viele sind es nicht gewohnt, solche Fragen gestellt zu bekommen – auch wenn sie sehr wirksam sind. Beispielsweise mit Formulierungen wie „Damit ich Sie da besser verstehe ..." oder „Ich bin mir noch nicht ganz sicher, ob für Sie die Lösung auch in Frage kommt, deswegen ...". Wichtig ist, dass Sie solche Fragen nur dann stellen, wenn Sie und Ihr Gesprächspartner sich auch wirklich Zeit nehmen wollen. Andernfalls provozieren Sie schnell Ablehnung.

Nicht immer wird der Kunde eine Antwort haben. Viele werden es sich vielleicht auch zu schnell leicht machen und „Keine Ahnung." bzw. „Weiß nicht." erwidern. Wenn Sie dann als hilfreicher Verkäufer mit der Lösung kommen, wird der Kunde diese Lösung nur selten annehmen, denn es ist nicht seine Lösung, sondern Ihre.

Generell kommen viele Verkäufer zu schnell mit der Lösung. Es ist so, als ob jemand von Mensch zu Mensch läuft und ihm Kopfschmerztabletten anbietet. Doch wenn diese Menschen keine Kopfschmerzen haben, werden sie die Tabletten meist nicht kaufen wollen. Bildlich gesprochen müsste somit der Anbieter den Personen erst einmal mit einem Knüppel über den Kopf schlagen, damit diese Kopfschmerzen verspüren und dann die Tabletten auch verlangen. Mit reflexiven Fragen und Problemfragen (auf die später noch eingegangen wird) haben Sie einen verbalen Knüppel. Denn es ist nun einmal entscheidend, was der Kunde zu sich selbst sagt – nicht das, was Sie ihm sagen. Mit diesen Fragen können Sie dafür sorgen, dass der Kunde seine Kopfschmerzen selbst bemerkt – und Sie ihm nicht sagen müssen, dass er Kopfschmerzen hat.

Folgen Sie somit nicht automatisch der Aufforderung und geben einen Ratschlag, sondern fragen Sie zurück:

- „Wie könnten Sie das herausfinden?"
- „Was fehlt, damit Sie zu dieser Information gelangen?"
- „An welchen Lösungsweg haben Sie bisher gedacht?"

Reflexion/Übung 34

Jede Kundensituation ist mehr oder weniger anders. Deswegen wäre es jetzt nicht sehr sinnvoll, wenn Sie hier nun beispielsweise zehn zirkuläre und zehn reflexive Fragen aufschreiben würden. Bitte suchen Sie sich einen Kollegen oder einen Freund, mit dem Sie solche Fragen üben. Stellen Sie sich gemeinsam eine Kundensituation vor.

Legen Sie gemeinsam fest, wo das Problem ist, und entwickeln Sie Fragen, wie diese noch mehr in das Bewusstsein gelangen und Handlungsdruck auslösen. Nutzen Sie die hier genannten Musterfragen zur Orientierung.

_____

_____

_____

_____

_____

_____

3.4 Problem-, Auswirkungs- und Nutzenfragen

Sehr wahrscheinlich haben Sie Mitbewerber. Dort, wo Sie nicht verkaufen, verkaufen diese. Wenn sie sehr gute Arbeit machen, dann ist es häufig etwas schwieriger, ihnen Kunden „wegzunehmen". Sollten Sie einen oder mehrere Mitbewerber haben, die qualitativ schlecht sind oder einfach nur schlechte Mitarbeiter auf die Kunden loslassen, dann ist die Kundengewinnung häufig einfacher. Denn dann merken die Kunden meist von sich aus, dass es so nicht weitergehen kann. Aber egal wie groß oder klein die wahrgenommenen Probleme Ihrer Kunden sind: Es ist manchmal erstaunlich, wie leidensfähig Kunden sind. Manche kommen von ihren Lieferanten ähnlich schwer weg wie Drogensüchtige von der Nadel. Da hilft dann auch kein Predigen und kein Betteln, kein Beweisen und kein Zeigen – sondern nur noch die richtigen Fragen. Das heißt, speziell bei der Neukundengewinnung ist es entscheidend, was der Kunde zu sich selbst sagt – und nicht Sie zu ihm. Erst wenn er zu sich selbst sagt, dass er einen Fehler begeht, wenn er bei seinem Lieferanten bleibt, dann haben Sie gute Chancen.

Sobald ein Kunde ein Problem erkannt hat, stellen sich ihm schnell folgende Fragen:

- Was kann mein Problem lösen?
- Mit welchem Angebot kann ich mein persönliches Problem am besten lösen?
- Gibt es womöglich noch andere Möglichkeiten, die mein Problem noch besser lösen – mir aber derzeitig nicht bekannt sind?

Dieser Konflikt führt häufig dazu, dass Entscheidungen letztlich so lange vertagt werden, bis das Problem akut wird. Doch ab wann hat ein Kunde sein Problem wirklich erkannt, und ab wann wird es für ihn akut?

Mal angenommen, Sie sind bei einem Ihrer Wunschkunden. Diesen wollen Sie schon längere Zeit als Kunden gewinnen – aber es hat bisher nicht geklappt. Nun sagt dieser im Laufe des Gesprächs zu Ihnen: „Ich bin mit meinem Lieferanten nicht ganz so zufrieden!" Ihnen klingeln die Ohren: Der Kunde fängt an, „endlich zuzugeben", dass er mit Ihrem Mitbewerber nicht die beste Wahl getroffen hat. Doch wenn Sie nun sagen: „Prima. Dann passt das ja wie die Faust aufs Auge. Jetzt bin ich ja gerade da, nun können wir darüber reden, wie wir beide zukünftig zusammenarbeiten!", kann es schnell passieren, dass der Kunde zurückrudert und sagt: „Na, so schlimm ist es nun auch noch nicht. Das kriegen wir schon wieder hin. Ich möchte nicht wechseln."

Es ist ein wesentlicher Unterschied, ob Ihr Kunde einen konkreten oder einen vermuteten Bedarf äußert. In diesem Beispiel hat er einen vermuteten Bedarf geäußert. Konkret wäre, wenn er gesagt hätte: „Ich brauche einen neuen Lieferanten." Dann wäre er auch offener gewesen für das Gespräch mit Ihnen als Alternativlieferanten.

Problemfragen

Mithilfe von Problemfragen können Sie die Situation des Kunden besser verstehen und ihm selbst dabei helfen, aus einem vermuteten Bedarf einen konkreten Bedarf zu formulieren. Hier ist Ihr Fingerspitzengefühl gefragt: Keiner redet gerne über seine Probleme, und niemand möchte gerne eingeredet bekommen, dass er Probleme hat.

Bringen Sie den Kunden mithilfe von emotionalen Feststellungen oder Fragen dazu, seine gegenwärtig wahrgenommenen Probleme näher zu schildern. Nur Mut, denn wenn die Beziehung stimmt, dann können Sie ruhig mehrere stellen.

- „Sie sagen ‚nicht ganz so zufrieden'. Was meinen Sie damit?"
- „Tritt dieses Qualitätsproblem häufiger auf?"
- „Wo sehen Sie die größten Schwachpunkte des Systems?"
- „Ist die Anwendung für alle verständlich?"
- „Wie kommen Sie mit der Liefersituation zurecht?"

Auswirkungsfragen

Nun helfen Sie mit Auswirkungsfragen dem Kunden dabei, die Folgen seines Problems zu verdeutlichen. Er baut damit selbst das Problem aus und somit auch seine eigene Unzufriedenheit. Denn erst wenn die Unzufriedenheit groß genug ist, wird er mit hoher Wahrscheinlichkeit das Problem lösen wollen – statt es auszusitzen.

Es versteht sich von selbst, dass Sie nur solche Probleme ausbauen, die Sie auch selbst lösen können. Denn andernfalls kommt ihr Kunde auch mit Ihnen nicht weiter und hat das Problem weiterhin.

- „Was bedeutet das für Ihren Gewinn, wenn Sie zehn Prozent mehr Reklamationen haben?"
- „Wie wirkt sich das auf Ihr Verkaufsgeschäft aus?"

- „Welche Konsequenzen hat das für Ihre Mitarbeiter?"
- „Haben Sie schon einmal bedacht, welche Auswirkungen das auf Ihre Kostensituation hat?"

Nutzenfragen

Mithilfe von Nutzenfragen helfen Sie dem Kunden dabei, selbst zu erkennen, was ihm die Veränderung bringt. Der Wunsch nach Veränderung wird auf diese Weise ausgebaut:

- „Wie hoch wäre Ihr zusätzlicher Gewinn, wenn Sie zukünftig mit dem anderen System arbeiten würden?"
- „Was meinen Sie, wie würde sich das auf die Mitarbeitermotivation auswirken?"
- „Welche Ersparnis hätten Sie dadurch?"
- „Aus welchem Grund würde Ihnen hier eine Lösung helfen?"

Stellen Sie dem Kunden solche Fragen nicht einfach nacheinander. Verpacken Sie Ihre Fragen in vorangehende Sätze:

- „Sie sagten gerade, dass Ihre Kunden dadurch manchmal etwas aufgebracht sind. Hat das auch Auswirkungen auf andere Bereiche?"
- „Es klingt so, als ob diese Situation Ihnen nicht nur Nerven kostet. Wirkt sich das denn auch auf Ihre Geldbörse aus?"

Wenn es Ihnen gelungen ist, dem Kunden mithilfe der Problem-, Auswirkungs- und Nutzenfragen sein derzeitiges Problem in vollem Umfang bewusst zu machen, wird er sehr an Ihrer Lösung interessiert sein. Doch bevor Sie dem Kunden nun Ihre Lösung anbieten, fragen Sie ihn vorher um Erlaubnis. Denn schlimmstenfalls kommen Sie mit Ihrer Lösung zu früh, und der Kunde nimmt Ihre Lösung dann immer noch nicht, weil ihm die Konsequenzen seiner derzeitigen Situation nicht bewusst genug sind.

- „Wäre es hilfreich, wenn Sie eine Farbe hätten, mit denen es entschieden weniger Reklamationen gibt?"
- „Wäre es für Sie interessant, wenn ich Ihnen zeige, wie Sie mit unserem System weniger Stress und Druck im Alltag hätten und zusätzlich kein Geld investieren müssten?"

Reflexion/Übung 35

Machen Sie sich darüber Gedanken, welche Probleme Ihre Kunden haben könnten. Denken Sie dabei nicht nur an den Kunden selbst, sondern auch an seine Kunden, seine Mitarbeiter und seine Unternehmenszukunft. Welche Probleme davon können Sie wie lösen? Mit welchen Fragen wollen Sie diese ansprechen?

_____

_____

_____

_____

_____

Reflexion/Übung 36

Mit welchen Auswirkungsfragen können Sie die soeben von Ihnen ausgearbeiteten Probleme aufzeigen und verdeutlichen?

_____

_____

_____

_____

_____

Reflexion/Übung 37

Überlegen Sie bitte, welche Nutzenfragen für Sie praxistauglich sein könnten.

_____
_____
_____
_____
_____
_____

3.5 Kundenergründung mit dem Fragetrichter

Bei der Kundenergründung geht es darum, mit den richtigen Fragen die richtigen Informationen zu bekommen, um schlussendlich die Basis für das weitere gemeinsame Vorgehen zu haben. Im Idealfall kennen Sie dann die Voraussetzungen und Wahrscheinlichkeiten für den Auftrag. Das ist sehr wichtig, denn wenn Sie zu wenig wissen, wächst das Risiko, dass Sie mit Ihrem Angebot falsch liegen und nicht verkaufen. Häufig gibt es K.-o.-Kriterien – sowohl für den Verkäufer als auch für den Kunden. Wenn Sie diese nicht im Rahmen einer Vorab-Kundenergründung im Vorhinein am Telefon klären, kann so manch eine Fahrt zum Kunden sinnlos gewesen sein.

Denken Sie immer daran: Wer Angebote schreibt, ohne zu verkaufen, hat kostenlos gearbeitet. Wer vor einem persönlichen Gespräch nicht vorab am Telefon eventuelle K.-o.-Kriterien klärt, möglicherweise auch.

Bevor Sie nun viele Fragen stellen, sollten Sie dem Kunden erklären, wieso Sie das tun. Beispielsweise mit „Damit ich Ihnen ein optimales Angebot machen kann, möchte ich Ihnen gerne ein paar Fragen stellen. Ist das für Sie in Ordnung?" oder „Damit ich mich auf den Termin optimal vorbereiten kann, möchte ich Ihnen ein paar Fragen stellen. Darf ich?"

Nach dem System des Verkaufstrichters gehen Sie jetzt vom Allgemeinen zum Konkreten, um schlussendlich ein Ergebnis zu haben. Mit dem Verkaufstrichter steuern Sie systematisch ein klares Ergebnis an.

Vom Allgemeinen

1. Sammeln

2. Filtern

3. Zusammenfassen

zum Konkreten

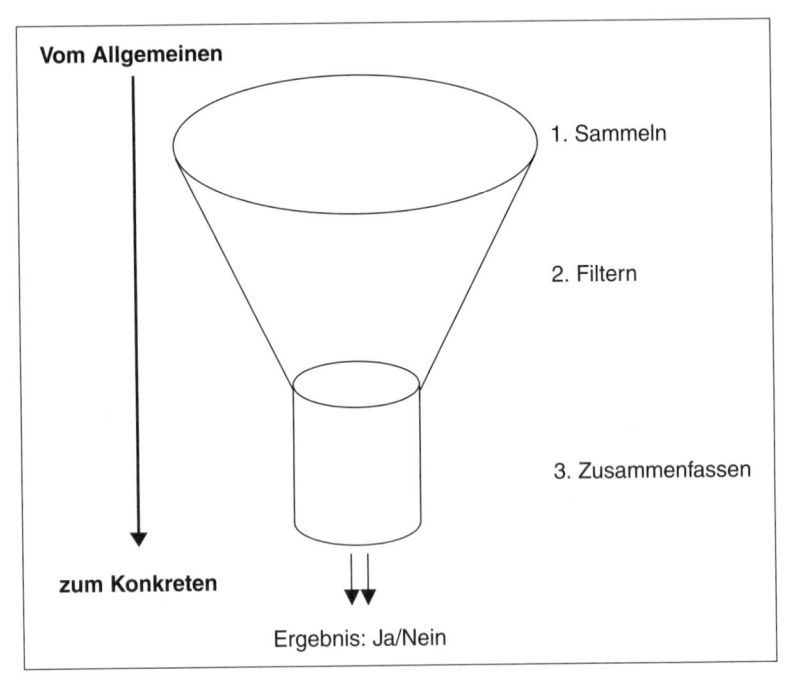

Ergebnis: Ja/Nein

Abbildung 10: Der Verkaufstrichter hilft, das Gespräch zu strukturieren

Phase 1: Sammeln

Zuerst werden allgemeine Fragen gestellt:
- „Was ist Ihnen wichtig?"
- „Worauf legen Sie Wert?"
- „Welche Wünsche und Prioritäten haben Sie?"
- „Was bringt Ihnen das, wenn Sie hier eine Lösung haben?"
- „Was sind die Folgen, wenn Sie hier keine Lösung erzielen?"
- „Vorausgesetzt, Sie würden den Lieferanten wechseln, worauf legen Sie dann Wert?"

Meistens holen sich Kunden mehrere Angebote. Wenn Sie gezielt Bedürfnisse wecken, die gerade Sie besonders gut erfüllen können, dann erhöhen Sie die Wahrscheinlichkeit, den Auftrag zu bekommen. Außerdem zeigen Sie damit, dass Sie mitdenken. Beispielsweise: „Viele Kunden möchten auch, dass ... Ist Ihnen das auch wichtig?"

Bitte achten Sie darauf, weitere Aussagen zu bekommen, indem Sie nachhaken mit „Was noch?" und „Gibt es außer dem noch etwas?"

Schätzt der Kunde seinen Bedarf eigentlich wirklich richtig ein? Erreicht er mit dem, was er meint zu brauchen, auch wirklich sein Ziel?

Phase 2: Filtern und Erfragen von fehlenden Details

Hier gehen Sie zunehmend in die Details: Klären Sie Formulierungen, die Interpretationsspielraum zulassen, spätestens jetzt, damit Sie beide „die gleiche Sprache" sprechen. Zum Beispiel: „Was meinen Sie genau mit ‚modern'?"
- „Wann benötigen Sie die Ware?"
- „Bis wann benötigen Sie das Angebot?
- „Wer entscheidet ebenfalls über die Auftragsvergabe?"
- „Wann werden Sie über die Auftragserteilung entscheiden?"

- „Wir haben verschiedene Möglichkeiten. Um Ihnen ein passendes Angebot machen zu können: In welcher Höhe haben Sie sich eine Investition vorgestellt?"

Sie stellen so lange Fragen, bis Sie genau wissen, was der Kunde braucht.

Phase 3: Zusammenfassen

Nun überprüfen Sie, ob Sie und der Kunde sich richtig verstanden haben. Dazu wiederholen Sie bitte zur Vermeidung von Missverständnissen die Ergebnisse aus den Phasen 1 und 2 und fragen hypothetisch:

- „Wenn ich Sie richtig verstehe, dann kommen wir ins Geschäft, wenn wir das so machen. Ist das so?"
- „Das heißt also, wenn ich Ihnen diese Punkte im Angebot zu Ihrer vollsten Zufriedenheit bestätige, dann machen wir den Auftrag?"
- „Wenn wir das so hinbekommen, arbeiten wir dann zusammen, oder nicht?"

Oder offen:

- „Wenn ich alle Anforderungen erfülle, was werden Sie dann tun?"

Falls Sie auf diese Zusammenfassung verzichten wollen, weil Sie glauben, den Kunden eindeutig verstanden zu haben, möchte ich Ihnen die Problematik des Verstehens anhand einer Beispielfrage vergegenwärtigen. Nehmen wir an, Sie benötigen die Information, ob Ihr Kunde ein Auto hat, dann bietet sich die Frage „Haben Sie ein Auto?" an. An sich müsste diese Frage klar mit Ja oder Nein zu beantworten sein. Doch wer ist mit „Sie" gemeint? Ist damit der Befragte selbst gemeint, oder bezieht sich die Frage auf den Haushalt, zu dem ein Auto gehört oder nicht? Ebenso lässt der Begriff „haben" Interpretationsmöglichkeiten zu: Ist damit „verfügen über" oder „besitzen" gemeint?

Wenn die Antwort des Kunden nicht positiv ist, dann fangen Sie wieder oben beim Trichter an: „In dem Fall fehlt noch etwas, was wir noch nicht besprochen haben. Was fehlt noch?" oder „Wo habe ich Sie nicht richtig verstanden?"

Reflexion/Übung 38

Welche Informationen benötigen Sie, um ein passendes Angebot zu erstellen? Welche Fragen sind dazu erforderlich? Erstellen Sie eine Checkliste.

Reflexion/Übung 39

Welche Fragen davon können Sie bereits am Telefon vor Ihrem persönlichen Gespräch stellen, damit Sie nicht womöglich umsonst zum Kunden fahren? Erstellen Sie eine Checkliste.

3.6 Empfehlungen für schriftliche Angebote

Berücksichtigen Sie die rechtlichen Folgen von Angeboten. Rechtlich verbindliche Verträge entstehen durch die Annahme eines Angebots. Mithilfe von Freizeichnungsklauseln, wie „Angebot freibleibend" oder „ohne obligo" können Sie diesem vorbeugen. Dies ist speziell dann sinnvoll, wenn noch nicht alle Punkte des Angebots abschließend geklärt werden können, aber beispielsweise wegen einer Frist dennoch abgegeben werden müssen. Zur Vermeidung von Irritationen sollten Sie eindeutig auf die Positionen, die noch genauer spezifiziert werden müssen, hinweisen.

Berücksichtigen Sie, dass Ihr schriftliches Angebot gewöhnlich mit dem Ihrer Mitbewerber verglichen wird. Wer bietet die besten harten und weichen Fakten?

Fragen Sie sich daher:

- Machen Sie es Ihren Kunden mit der Gestaltung wirklich leicht, sich für Sie zu entscheiden?
- Schafft Ihr Angebot Vertrauen und Zuversicht im Kopf des Kunden?
- Findet sich Ihr Kunde in Ihrem Angebot wirklich wieder?
- Kann Ihr Kunde wirklich verstehen, wie Ihr Lösungsvorschlag aussieht?
- Heben Sie Ihre Mehrwerte geschickt hervor?
- Stellen Sie den Nutzen und dessen Folgen dar, wenn Ihr Kunde Ihr Angebot realisiert?
- Welche Wettbewerbsvorteile hat er dadurch?
- Haben Sie es schon einmal ausprobiert, die Konsequenzen zu verdeutlichen, wenn Ihr Kunde nicht kauft?

- Mit welchen Bildern und Darstellungen können Sie Ihr Angebot aufwerten?
- Wie können Sie beweisen, dass Sie die bessere Wahl sind?
- Versteht das, was Sie schreiben, auch Ihr Kunde so, wie Sie es meinen?
- Welche Besonderheiten können Sie hervorheben, die vielleicht sogar für Sie selbstverständlich sind – aber nicht für den Kunden (kostenlose Einweisung, Garantien, …)?
- Ist das Angebot so formuliert, dass Ihr Kunde letztlich nur noch „Ja" zu sagen braucht?
- Ist eigentlich noch ein schriftliches Angebot notwendig, oder können Sie vielleicht schon direkt vor Ort abschließen?

Erstellen Sie keine Angebote automatisch und ohne mündliche Rückfragen, nur weil Sie eine schriftliche Anfrage bekommen haben. Auch dann nicht, wenn die Anfrage schon sehr viele Detailinformationen kommuniziert. Damit ersparen Sie sich häufig viel (unnötige?!) Arbeit.

Ich hatte einmal per Mail eine Anfrage von einem Bildungsträger bekommen. Dieser konnte ich nur entnehmen, dass ein Telefontraining an drei Tagen in einem bestimmten Ort in meiner Nähe stattfinden sollte. Ich rief an und fragte, worauf es denn bei diesem Training ankomme. Es kamen einige spärliche Informationen. Dann fragte ich, nach welchen Kriterien denn eigentlich entschieden würde, weil ich davon ausging, dass mehrere Verkaufstrainer angeschrieben wurden. Die Antwort klang vernünftig: „Wir entscheiden uns nach dem wirtschaftlichsten Angebot." Ich fragte nach: „Was meinen Sie denn mit dem ‚wirtschaftlichsten' Angebot? Das, welches am günstigsten ist, oder das, welches am meisten bringt?" Die Antwort war: „Das günstigste Angebot." Auf Nachfrage erklärte sie mir dann, dass immer ausschließlich nach dem Preis entschieden werde. Darauf war meine Antwort: „Da sparen wir am besten beide unsere Zeit. Ich kann nicht billig. Ich kann nur gut. Und was bringt es uns beiden, wenn

wir uns noch weiterhin über eine mögliche Zusammenarbeit unterhalten, wenn ich Ihre Mindestanforderungen nicht erfülle?!"
Natürlich hätte ich jetzt viel Nutzen bringen können und dergleichen, um den Auftrag doch noch zu bekommen. Doch wenn jemand wirklich billig will und braucht, dann ist es reine Energieverschwendung, für eine vielfache Investition zu argumentieren. Oder können Sie sich ernsthaft vorstellen, dass Mitarbeiter von einem Edel-Restaurant vor McDonald's stehen, um auf Kundenfang zu gehen?

3.7 Fragen für die Angebotsverfolgung

Beim Nachfassen bietet sich folgende Frage an:
- „Sie haben von uns das Angebot bekommen. Wie denken Sie darüber?"

Wenn sich der Kunde noch nicht entschieden hat, helfen folgende Fragen:
- „Welche Punkte sind noch offen?"
- „Wie kann ich Ihnen bei der Entscheidungsfindung helfen?"
- „Wann sprechen wir uns wieder?"
- „Und bis zu diesem Zeitpunkt fällt noch keine Entscheidung?"

Möglicherweise ist der Auftrag schon vergeben, wenn Sie anrufen. Hier sollten Sie aus möglichen Fehlern lernen. Denn manchmal entscheidet sich der Kunde gegen ein Angebot, weil er etwas anderes interpretiert hat, als es gemeint war. Was hat er also geglaubt? Was hätte er glauben müssen, damit er kauft?
- „Woran hat es gelegen?"
- „Gibt es außer diesem Punkt noch etwas anderes, woran es noch gelegen hat?"

Je nachdem, was der Kunde antwortet, kann es durchaus sein, dass der Auftrag noch nicht vergeben worden ist – aber schon ein Wunschlieferant feststeht. Fragen Sie gegebenenfalls nach:

- „Ich bin mir da jetzt nicht ganz sicher: Ist der Auftrag definitiv vergeben, oder ist die Entscheidung erst einmal nur gedanklich gegen uns gefallen?"

Schließen Sie einen positiven Verbleib, wenn es im Moment keine Möglichkeiten gibt:

- „Schade, dann habe ich diesen Auftrag nicht bekommen. Ich habe nur diesen Auftrag verloren, aber nicht Sie als potenziellen Kunden, oder?"
- „Gerne möchte ich Sie beim nächsten Mal davon überzeugen, dass wir mit unserem Angebot eine gute Wahl sind. Was meinen Sie, wann werden Sie denn wieder Bedarf haben?"

Falls Sie das Gefühl haben, dass der Kunde trotz Ihres Angebots überhaupt kein Interesse an einer Auftragserteilung hat, dann sprechen Sie das unbedingt an:

- „Ich habe irgendwie das Gefühl, dass ich Sie mit meinem Angebot gar nicht überzeugen konnte. Schätze ich die Situation richtig ein?"

Gehen Sie danach in die Kundenergründung, beispielsweise mit:

- „Woran hapert es grundsätzlich?"

Reflexion/Übung 40

Erarbeiten Sie ein Konzept, mit dem Sie sicherstellen, dass Sie alle Ihre Angebote nachfassen und kein Angebot vor einem persönlichen oder telefonischen Gespräch erstellen. Machen Sie eine Übersicht mit Fragen, die Sie für die Angebotsverfolgung einsetzen werden.

Reflexion/Übung 41

Führen Sie eine Statistik. Wie viele Anfragen kommen? Wie viele Angebote machen Sie? Wie hoch ist die Abschlussquote? Gleichen Sie die Werte regelmäßig ab, und ändern Sie gegebenenfalls Ihre Vorgehensweisen.

3.8 Fragen zur Motivation und Einstellung

Manchmal kommen Kunden mit bestimmten Erwartungen und Vorinformationen zu einem Anbieter. Dennoch ist es häufig nicht üblich, nach diesen konkret zu fragen. Vielleicht auch, weil der eine oder andere manche der nachfolgenden Fragen zu sehr als „fishing for compliments" empfindet. Doch die Antworten sind für Sie für das folgende Gespräch sowie für die zukünftige Akquisestrategie sehr wertvoll:

- „Wie sind Sie auf uns gekommen?"
- „Wer hat uns empfohlen?"

sowie

- „Hat diese Person ein besonderes Ergebnis in Aussicht gestellt, welches Sie sich nun von uns wünschen?"
- „Gab es etwas, was Sie besonders neugierig auf uns gemacht hat?"
- „Was sind Ihre Erwartungen in Bezug auf diesen Termin?"
- „Welche Erfahrungen haben Sie bisher mit Dienstleistern dieser Branche gehabt?"

Reflexion/Übung 42

Was denkt der Markt über Sie? Welche Erwartungen haben Ihre „Lieblingskunden"? Mit welchen Maßnahmen können Sie die Wahrscheinlichkeit erhöhen, verstärkt Anfragen von der Kundenklientel zu bekommen, welche Sie vorrangig bedienen wollen?

_____
_____
_____
_____
_____

3.9 Abschlussfragen

Wann ist der richtige Zeitpunkt abzuschließen? Fragen Sie lieber andersherum: Wann ist der Kunde bereit zu kaufen? Denn nur wenn der Kunde wirklich kaufen will, wird die Abschlussfrage auf fruchtbaren Boden fallen. Andernfalls wird sie im Zweifelsfall Verkäufer und Käufer entzweien statt einen. Der Verkaufsabschluss ist die Folge eines oder mehrerer guter Verkaufsgespräche.

Leider sind manche Verkäufer in der Präsentation so mit sich selbst beschäftigt, dass sie die Kaufsignale des Kunden gar nicht wahrnehmen. Im schlimmsten Fall will der Kunde sogar schon kaufen, doch weil der Verkäufer nicht aufhört zu präsentieren und zu erklären, überlegt es sich der Kunde dann doch noch anders. Vielleicht, weil er sich sagt: „Wenn man so viel darüber reden muss, dann muss da irgendwo ein Haken sein." oder „Hoppala, gut, dass ich noch nicht ja gesagt habe – das, was er jetzt erzählt, das spricht ja sogar gegen das Angebot."

Achten Sie somit auf die Körpersprache (wie Kopfnicken, positiver Gesichtsaudruck bis hin zum Strahlen) und die Aussagen des Kunden. Wenn er Fragen nach Details stellt, wie beispielsweise „Haben Sie das auch in grün?" oder „Wann können Sie liefern?", dann zeigt dies sein Interesse. Wenn Sie nun allerdings mit „Ja" antworten, dann geht das Gespräch irgendwie nicht richtig weiter. Also fragen Sie ihn hypothetisch „Wie viele würden Sie nehmen, wenn wir in grün liefern könnten?" oder „Mal angenommen, wir könnten sofort liefern, würden Sie es dann sofort nehmen?"

Wenn also Ihr Kunde

- nach bereits besprochenen Details fragt,
- selbst die Vorteile der Zusammenarbeit zusammenfasst,
- Sie mit Aussagen wie „Das ist gut." oder „Schön." positiv bestärkt,

- seine Gedanken in Richtung Zukunft gehen und er mögliche Details Ihres Angebots anspricht,

dann sollten Sie langsam „den Sack zumachen".

Nach meiner Meinung sind faire Abschlussfragen diejenigen Fragen, auf die der Kunde eindeutig mit Ja oder Nein antworten kann, oder die ihm ermöglichen, klar Stellung zu beziehen. Im Bereich der Abschlusstechniken gibt es aber auch viele manipulative Möglichkeiten, die für mich persönlich nichts mit Verkaufen auf Augenhöhe zu tun haben. Ich denke dabei beispielsweise an die suggestive Abschlussmethode, die so oder ähnlich klingt: „Wollen Sie jetzt diesen Fondssparplan abschließen, damit Ihr Kind später studieren kann und Sie ihm nicht die Zukunft verbauen?"

Ebenfalls, und das wird Sie möglicherweise überraschen, ist nach meiner Einschätzung die Alternativfrage als Abschlusstechnik in den meisten Fällen manipulativ und somit nicht wertschätzend. Es spricht nichts gegen die Alternativtechnik, wenn der Kunde wirklich kaufen will, er sich nun aber nicht entscheiden kann, was er konkret braucht. Probleme sehe ich aber dann, wenn ein Kunde beispielsweise am Telefon mit Nutzen und Argumenten zugeschüttet wird und dann mithilfe einer Alternativfrage zu einem Termin gedrängt werden soll: „Möchten Sie den Termin am Mittwoch um 13.45 Uhr oder lieber am Donnerstag um 17.30 Uhr nach Feierabend, wenn Sie etwas mehr Zeit haben?" Die Idee sowohl vieler Verkaufstrainer als auch vieler Verkäufer ist die, dass der Kunde nun durch die Wahlmöglichkeit einerseits das Gefühl bekommt, er könne entscheiden, andererseits garantiert „Ja" sagt. Gleichgültig, für welche Alternative er sich nun entscheidet: Am Ende steht der Kauf. Manche Verkaufstrainer finden es dann sogar ganz toll, wenn sie ihren Teilnehmern nahelegen, mit „krummen" Zahlen zu arbeiten, also statt 17.30 Uhr dann 17.37 Uhr vorzuschlagen. Als Teilnehmer eines Verkaufstrainings erfuhr ich dann: „Wenn Sie den Kunden zwischen zwei krummen Uhrzeiten entscheiden lassen, wird Ihr Kunde wegen der außergewöhnlichen Angaben lachen. Lachen verbindet. Er wird Sie dadurch sympathischer finden und sich für eine Alternative entscheiden – und damit hat er ‚Ja' gesagt."

Doch wollen Sie wirklich bei einem Kunden sitzen, der Sie nicht wirklich will? Ist das Risiko nicht viel zu groß, dass Sie dann dort selbst durch die Verzweifelungstat mancher Verkäufer, der „Sofasitzmethode" (also so lange beim Kunden bleiben, bis er kauft), mehr kaputt als richtig machen? Kann ein solcher Kunde ein begeisterter Kunde werden? Oder wenigstens ein zufriedener?

Meiner Ansicht nach bringt es nichts, einen Termin zu verkaufen, wenn der Kunde nicht grundsätzlich offen für mein Angebot ist. Natürlich, viele Verkäufer sind vor Ort wesentlich stärker mit ihrer Verkaufsargumentation als am Telefon. Vielleicht wird auch manch ein Auftrag mehr geschrieben, wenn durch den Einsatz solcher Abschlusstechniken mit Druck Termine gemacht werden. Die einzige Frage, die Sie sich beantworten müssen, ist: Ist es wertschätzend und professionell, einen Kunden durch rhetorische Tricks zu einem Termin zu überreden, den er eigentlich nicht will?

Ich möchte Ihnen für Ihre spezielle Situation bezüglich dieser Thematik, ob die Alternativmethode eine gute Abschlussmethode ist, keine klare Empfehlung geben. Aber denken Sie einmal darüber nach. Vielleicht empfindet man auch sehr unterschiedlich, je nachdem, welches Potenzial man hat. So wird ein Verkäufer, der nur 30 Adressen hat, den Termin vermutlich wesentlich stärker verkaufen wollen (und müssen?), um dann vor Ort zu überzeugen, als jemand, der 3 000 Adressen hat und nur dahin fährt, wo der Kunde auch wirklich mit hoher Wahrscheinlichkeit kaufen will und wird. Aber es ist nicht das Problem des Kunden, wenn der Verkäufer nicht genügend Adressen hat.

Man könnte jetzt hier sicherlich diskutieren, ob man nicht den einen oder anderen Kunden auch ein wenig zu seinem Glück zwingen sollte. Vielleicht kommen wir mit folgender Definition weiter: Manipulation liegt dann vor, wenn der Kunde aufgrund der

Handlung eines Verkäufers etwas macht, was er im Nachhinein bereut. Hätte er also vor dem Kauf in die Zukunft schauen können, dann hätte er nicht gekauft. Wenn ein Verkäufer den Kunden zu etwas bringt, was dieser vielleicht nicht ganz freiwillig von sich aus gemacht hätte – und der Kunde im Nachhinein denkt: „Gut, dass ich das so gemacht habe." –, dann hat der Verkäufer ihn positiv motiviert.

Reflexion/Übung 43

Bitte analysieren Sie: Machen Sie tatsächlich mehr Aufträge (und das ist ja schließlich der Zweck eines Termins), wenn Sie den Termin mit einer Alternativfrage oder mit offenen Fragen ähnlich wie „Wann wollen wir uns treffen?" bekommen? Bitte berücksichtigen Sie bei der Definition „Aufträge", dass es keine Aufträge sind, wenn der Kunde nachträglich die Ware zurückschickt bzw. den Auftrag storniert.

_____

_____

_____

_____

_____

Testabschluss

Sie werden ein Ja oder Nein des Kunden provozieren, wenn Sie Fragen stellen wie „Denken Sie, das ist etwas für Sie?" oder „Meinen Sie, damit werden Sie Ihr Ziel besser erreichen?"

Um zu erfahren, ob Sie gemeinsam mit dem Kunden in Richtung Auftrag steuern, sollten Sie zwischendurch mit Meinungsfragen arbeiten. Beispielsweise sagen Sie nach einem Argument „Wie denken Sie darüber?" oder „Was halten Sie unter diesem Aspekt davon?" Wenn der Kunde Zustimmung und Interesse signalisiert, dann geht das Gespräch in die richtige Richtung. Möglicherweise können Sie nach der Kundenaussage sogar schon abschließen, indem Sie sagen „Prima, in dem Fall ist es das Richtige für Sie" und darauf mit einer Frage oder konkreten Handlung aufbauen.

Direkt nach dem Auftrag fragen

Die konkrete Frage: „Wollen wir das so machen?" trauen sich viele Verkäufer nicht zu stellen. Auf der einen Seite, weil sie Angst vor dem Nein haben und auf der anderen Seite, weil der Kunde wirklich „Nein" sagen könnte. Doch hätten Sie nicht direkt, sondern anders gefragt – hätte der mündige Kunde denn dann nicht auch „Nein" gesagt, wenn er wirklich nicht wollte? Menschen entscheiden sich nicht gerne, das ist sicherlich so. Aber ist es gut, Aufträge mit Kunden zu machen, die nicht innerlich zu Ihrem Angebot stehen, sondern die Sie beispielsweise mit der Alternativfrage „überzeugt" haben?

Meiner Ansicht nach sind geschlossene Fragen nach ein oder zwei Testabschlüssen die besten Fragen. Sie sind auf Augenhöhe und geben nicht nur dem Kunden das Gefühl, dass er entscheidet, sondern er entscheidet sich auch tatsächlich. Und mal ein wenig provokant gefragt: Wenn ich so schlecht präsentiert hätte, den Kunden so schlecht ergründet hätte und so wenig Sympathie bei dem Kunden geweckt hätte, hätte ich denn dann nicht sogar ein Nein verdient?

Alternativfragen

Die Alternativfrage ist nur dann empfehlenswert, wenn der Kunde grundsätzlich kaufen will und nun nur noch Details zu klären sind. Beispielsweise kommt folgende Frage gut an: „Möchten Sie 60 Dosen oder lieber 96 Dosen mit dem Bodenaufsteller?", wenn der Kunde Ihnen signalisiert hat, dass er Dosen kaufen möchte.

Eine andere Alternative ist die grafische Darstellung:

6 + 2
10 + 5
16 + 9

Häufig wird der Kunde die Variante der Mitte nehmen, weil sie den besten Kompromiss darstellt.

Abschließen durch Zusammenfassen

Hier geht es darum, dass Sie das Besprochene zusammenfassen. Dabei nennen Sie nicht nur Fakten, sondern auch den kundenindividuellen Nutzen. Danach fragen Sie konkret, ob Sie so wie skizziert gemeinsam vorgehen wollen: „Gut. Dann fasse ich zusammen. Sie bekommen das Sortiment zum Einführungspreis von 1 200 Euro und sparen 300 Euro, ebenfalls das dazugehörige Werbematerial gratis für Ihr Schaufenster und 100 Proben. Einverstanden?"

Reflexion/Übung 44

Was genau haben Sie gemacht, damit Ihr Kunde gekauft hat? Mit welchen Fragen und Aussagen haben Sie den Abschluss herbeigeführt? Welche der vorgestellten Methoden werden Sie jetzt (wieder) ausprobieren?

_____

_____

_____

_____

_____

_____

3.10 Ihre persönliche Zielvereinbarung

Die folgenden fünf Erkenntnisse aus dem dritten Kapitel möchte ich in meinen Alltag übernehmen:

1. _____

_____

_____

2. _____

_____

_____

3. _____

_____

_____

4. _____

_____

_____

5. _____

_____

_____

3.11 Einsendeaufgaben

Formulieren Sie bitte
- drei Meinungsfragen,
- drei Problemfragen,
- drei Auswirkungsfragen,
- drei Nützlichkeitsfragen,
- drei Abschlussfragen,
- drei reflexive Fragen und
- drei zirkuläre Fragen,

die Sie selbst erstmalig in Ihrem Verkaufsalltag nutzen werden.

4. Kapitel: Wie alle mehr mitbekommen: zuhören ist nicht gleich zuhören

4.1 Grundlagen

Hin und wieder haben mich während meiner früheren Außendiensttätigket auch Nachwuchsverkäufer begleitet. Ich erzählte nicht nur, wie man am besten verkauft oder was sie alles verbessern könnten, sondern band die Nachwuchskräfte auch richtig ein. So durften sie auch aktiv verkaufen, während ich nur die Rolle des Beobachters innehatte. Beispielsweise sagte ich zu einer Kundin: „Das ist Christian. Der ist neu bei uns, und wenn es für Sie in Ordnung ist, dann führt er heute das Gespräch mit Ihnen. Ich sitze nur daneben und schaue zu." Die Kundin war einverstanden und fing von sich aus an, von ihrem Mallorca-Urlaub zu erzählen. Interessanterweise fing dann mein Kollege plötzlich von sich aus an, von seinem tollen Urlaub auf Ibiza zu schwärmen. Daraufhin fiel das Gespräch recht knapp und kurz aus, die Kundin bestellte nur das Nötigste und wir verabschiedeten uns.

Im Auto habe ich Christian dann gefragt: „Was meinst Du, weswegen war die Kundin zuerst so gut drauf – und bekam dann diesen Stimmungswandel?" Er erwiderte: „Das weiß ich auch nicht. Ich habe ‚aktiv zugehört' und wirklich mein Bestes gegeben. Aber irgendwie hatte sie wohl keine Einkaufslaune." Nun wurde es spannend. Er hatte „aktiv zugehört"? Das war mir jetzt irgendwie entgangen. Auf meine Frage, was er unter „aktivem Zuhören" verstehe, erklärte er mir: „Aktives Zuhören bedeutet für mich, dass ich die Ausführungen des Kunden ergänze. Aus diesem Grunde habe ich an ihre Urlaubserlebnisse angeknüpft und von meinem Urlaub erzählt." Als ich ihn fragte, ob er sich vorstellen könne, dass er mit diesem Vergleich indirekt die Botschaft rübergebracht habe, dass ihr Urlaub klein und mickrig und somit unbedeutend im Vergleich zu seinem Urlaub verlaufen sei, fiel bei Christian der Groschen, weswegen die Kundin sich irgendwann nicht mehr ganz so wohl und begeistert gefühlt hatte.

Jeder weiß, dass Einfühlungsvermögen und Wertschätzung besonders im Verkaufsgespräch sehr wichtig sind. Dennoch bestätigen Einkäufer immer wieder, dass Verkäufer zu Monologen und unnötig langen Ausführungen neigen, die nicht relevant sind. Viele Kunden haben zudem das Gefühl, dass der Verkäufer sie nicht versteht. So meinen viele Kunden: „Der will einfach nur verkaufen. Sobald er den Auftrag hat, ist der weg. Ich als Mensch bin ihm eigentlich ziemlich egal."

Selbstverständlich gibt es auch viele Ausnahmen, aber generell haben Verkäufer ein schlechtes Image. Wenn Sie es mit einem Menschen zu tun hätten, bei dem Sie dächten, dass er eigentlich nur Ihr Geld wolle und an Ihnen als Mensch und Persönlichkeit gar nicht interessiert sei, hätten Sie denn nicht gerade dann ein spezielles Interesse daran, ihm zu zeigen, wer hier die Entscheidung trifft, indem Sie bei ihm gar nicht kauften oder ihn ganz besonders im Preis drückten? Oder wie wäre es, wenn jemand eine Bitte an Sie richtete, den Sie schätzen und mögen und umgekehrt: Würden Sie diese Bitte möglicherweise viel eher erfüllen, auch wenn Sie es nicht zu 100 Prozent gerne machten?

Reflexion/Übung 45

Erinnern Sie sich bitte an Gespräche, bei denen Sie der Kunde waren. Wann fühlten Sie sich besser: Wenn der Verkäufer viel erzählt hatte und Ihnen wenig zuhörte? Oder wenn er Ihnen Fragen stellte und Ihnen zuhörte? Wo haben Sie letztlich lieber gekauft? Woran merkten Sie, dass man Ihnen wirklich zuhörte – und wie fühlten Sie sich dabei?

_____

_____

_____

_____

Reflexion/Übung 46

Weshalb reden Sie manchmal zu viel und hören zu wenig zu?

_____

_____

_____

_____

_____

4.2 Schweigen ist nicht unbedingt Zuhören

Nur weil Sie als Verkäufer reden und der Kunde Sie schweigend anschaut, bedeutet dies noch lange nicht, dass er Ihnen wirklich zuhört und Sie versteht, geschweige denn, dass er Sie garantiert so versteht, wie Sie es beabsichtigen.

Zum besseren Verständnis stellen Sie sich bitte eine Vertriebstagung vor. Eine Außendienstmannschaft aus dem gesamten Bundesgebiet findet sich am Wochenende ein. 200 Verkäufer und Verkäuferinnen sitzen auf den Stühlen und sollen von den Verantwortlichen über Konzepte für die nächsten Monate informiert und für die nächste Umsatzzielerreichung motiviert werden. Vorne spricht nun die dritte Führungskraft, zeigt eine Präsentation, erklärt, was Sie dort sehen und warum das alles so wichtig ist. Hören Sie wirklich immer so konzentriert zu, dass Sie im Nachhinein womöglich sogar aufschreiben könnten, was der Informationsgeber in welcher Reihenfolge erzählt hat und welches die Botschaften und Appelle seines Vortrages waren? Wären Sie in der Lage nach einem Vortrag eine Zusammenfassung zu schreiben, die der Vortragende mit den Worten: „Perfekt. Ja, genau das alles habe ich gesagt und exakt dies sind die Botschaften, die ich an mein Publikum richten wollte!" kommentieren könnte? Wenn es so ist, dann haben Sie wirklich einen sehr guten Redner erwischt, und Sie sind ein wirklich guter Zuhörer. Häufig aber sitzen die Teilnehmenden artig da, weil es von ihnen erwartet wird. Manche (meinen zu) wissen, was die Vortragenden sowieso erzählen wollen und schalten innerlich ab bzw. die Ohren auf Durchzug. Einige kommentieren den Vortrag in Gedanken mit Aussagen wie „das sehe ich nicht so", „manche vielleicht – aber ich nicht" oder „soll er das doch selbst erst einmal besser machen" und malen sich aus – während vorne weiterhin gesprochen wird –, was wohl passieren würde, wenn jetzt einer aufstehen und einige kritische Äußerungen vorbringen würde. Manche Zuhörer starten ein egoistisches Kopfkino und gehen in Gedanken beispielsweise in die nächste Woche, planen ihren Urlaub oder denken an etwas Schönes, was Ihnen mehr Freude bereitet, damit sie ihre Führungskraft nicht mit einem gelangweilten Blick brüskieren.

Ein Kunde, der physisch anwesend ist, ist es also auch nicht immer geistig. Im typischen Kundengespräch gibt es viele Gedanken, die sowohl Ihnen als auch dem Kunden durch den Kopf geistern, die aber nicht immer etwas mit dem tatsächlichen Gespräch zu tun haben.

Reflexion/Übung 47

Reflektieren Sie bitte selbst Ihr Zuhörvermögen. Stellen Sie sich dazu folgende Fragen, überlegen Sie, wie Sie sich als Verkäufer verhalten und denken Sie darüber nach, welches Verhalten Sie sich als Kunde gewünscht hätten:

1. Wenn Ihr Kunde spricht, denken Sie dann nach, was Sie darauf erwidern werden – oder hören Sie wirklich zu?

2. Wie oft unterbrechen Sie Ihren Kunden – speziell dann, wenn Sie das Gefühl haben, Ihnen entgleitet das Gespräch gerade?

   _____

   _____

3. Ab wann schalten Sie ab, wenn Ihr Gesprächspartner spricht?

   _____

   _____

4. Spüren Sie eine zunehmende innere Unruhe, wenn der Kunde schweigt und Sie auch?

   _____

   _____

5. Hinterfragen Sie Worte oder Aussagen, die Sie nicht verstehen, um die gemeinte Botschaft zu verstehen?

   _____

   _____

6. Wollen Sie überhaupt wirklich wissen, wie der Sprecher zu diesen Erkenntnissen gekommen ist und welche Emotionen dahinter stehen?

   _____

   _____

7. Versuchen Sie wirklich, die Ansichten und Meinungen des Kunden aus seiner Perspektive zu verstehen? Oder versuchen Sie, ihm schnell klarzumachen, dass er es so, wie er das sieht, nicht sehen dürfe, wenn er eine andere Meinung hat?

   _____

   _____

8. Geben Sie eigentlich häufig reflexartig „Ihren Senf dazu", egal ob in Form von Wertungen, Ratschlägen oder Verallgemeinerungen?

9. Wie erträglich ist es für Sie, wenn jemand Ihre Meinung nicht teilt?

10. Wie schnell lassen Sie sich vom Erscheinungsbild Ihres Gegenübers ablenken?

11. Berücksichtigen Sie bei den Aussagen Ihres Kunden seine derzeitige emotionale Verfassung, wie beispielsweise Zeitdruck oder schlechte Laune?

12. Kennen Sie eigentlich Menschen, die Ihnen wirklich (!) zuhören? Wissen Sie deshalb, wie schön es überhaupt sein kann, wenn man einfach nur reden darf – ohne dass jede Aussage vom Zuhörer gleich auf die Goldwaage gelegt wird?

Nicht richtiges Zuhören hat fatale Folgen:

Durch Missverständnisse entstehen Fehler. Es kommt zu unnötigen Kosten, Mehrarbeit und Stress für alle Beteiligten. Dies ist somit die sachliche Folge.

Die emotionale Konsequenz besteht darin, dass sich der Kunde herabgesetzt und nicht ernstgenommen fühlt. Speziell wenn er das Gefühl hat, dass kein echtes Interesse an seinen Meinungen und Gefühlen besteht, wird er zunehmend versuchen, den emotionalen Kontakt zu meiden beziehungsweise zu minimieren. Häufig wird die Beziehung aber auch oberflächlich weitergelebt, nach dem Motto: „Geschäft ist Geschäft" – und alles andere lassen wir mal lieber sein.

Doch was passiert, wenn der Kunde an einen Ihrer Mitbewerber gerät, der ihm das Gefühl gibt, ihn besser oder vielmehr wirklich zu verstehen?

Haben Sie vielleicht schon einmal die Bank, die Versicherung oder eine Werkstatt gewechselt, weil Sie sich als Mensch nicht verstanden fühlten?

Reflexion/Übung 48

Bitte machen Sie sich jetzt darüber Gedanken, was Sie davon haben werden, wenn Sie Ihren Kunden und Gesprächspartnern besser zuhören. Fragen Sie sich danach, ob es für Ihre Situation wirklich sinnvoll ist, vorrangig viel Zeit in Produktwissen und Verkaufstechniken zu investieren – oder ob eine Investition in Ihre Zuhörfähigkeiten Sie kurzfristig und langfristig entscheidend weiter voranbringt.

Arten des Schweigens

Viele Menschen können das Schweigen nicht ertragen. Doch Schweigen ist nicht gleich Schweigen. Häufig ist Schweigen sogar besser als Fragen. Christian-Rainer Weisbach und Petra Sonne-Neubacher haben fünf verschiedene Gesprächspausen herausgearbeitet:

- **„Sie sind dran"**

  Hier hat der Gesprächspartner seine Aussage abgeschlossen und erwartet nun eine Reaktion des Zuhörers. Möglicherweise fragt er diesen nun nach seiner Meinung oder signalisiert ihm durch seinen Blickkontakt, dass dieser nun dran ist.

- **„Ich denke nach"**

  Ihr Gesprächspartner hat aufgehört zu sprechen und denkt nun nach, wie er sich verhalten soll. Es gibt hier keinen Blickkontakt, sondern der Blick des Nachdenkenden geht nach schräg oben. Nicht, weil dort etwas ist, sondern weil die Augen beim Denken gewöhnlich diesen Blickwinkel einnehmen, um sich visuell zu erinnern oder Bilder zu konstruieren.

  Geben Sie Ihrem Gesprächspartner die Zeit zum Denken – unterbrechen Sie ihn nicht. Entweder wird er Sie auffordern, weiterzusprechen, oder er wird seine Ausführungen fortsetzen.

- **„Ich sinne nach"**

  Hier geht der Blick des Gesprächspartners nach schräg unten. Dies ist der Fall, weil dieser nun in seiner Gefühlsebene ist und entsprechend mit sich beschäftigt ist. Auch hier sollten Sie schweigen, bis Ihr Gesprächspartner verbal aktiv wird.

- **„Das ist mir peinlich"**

  Wenn Ihrem Gesprächspartner plötzlich bewusst wird, dass er etwas gesagt hat, was er eigentlich nicht wollte, dann tritt ein Schweigemoment ein. Anhand der Körpersprache wie beispielsweise Erröten des Gesichts, ein nach unten geneigter

Blick oder ein Blick zu einem anderen Punkt im Raum, werden Sie merken, wenn sich Ihr Gesprächspartner ertappt fühlt. Sie werden Ihrem Gesprächspartner helfen, wenn Sie nun etwas sagen, um das für ihn unerträgliche Schweigen zu beenden.

- **„Lass uns schweigen"**
  Im Kundengespräch wird dies seltener vorkommen. Doch zur Komplettierung der fünf Gesprächspausen soll diese nicht fehlen. Es geht dabei um das gemeinsame Einvernehmen, etwas schweigend zu genießen, wie vielleicht die Aussicht an einem schönen Ort.

Wenn Ihr Gesprächspartner Sie direkt anschaut, dann erwartet er mit hoher Wahrscheinlichkeit eine Reaktion von Ihnen. Sollte er schweigen und seine Augen nach oben oder unten blicken, dann ist es sehr wertvoll, wenn Sie nun schweigen und seine Reaktion abwarten. Denn so lange die Augen Ihres Kunden nach oben oder unten zeigen oder wandern, denkt er über Ihre Frage oder Ihre Aussage noch nach.

Sollten Sie unsicher sein, ob Ihr Kunde wirklich überlegt, dann sprechen Sie ihn gegebenenfalls einfach darauf an: „Sie möchten noch etwas überlegen." oder „Sie beschäftigt noch etwas."

Es kann natürlich auch sein, dass Ihr Kunde gar nicht über Ihre gerade geäußerten Aussagen nachdenkt, sondern vielleicht darüber, wie er das Gespräch nun am besten diplomatisch beenden kann. Doch was nützt es, wenn Sie weiterreden, wenn Ihr Kunde das Interesse an dem Gespräch sowieso verloren hat?

Schweigen Sie mehr, und geben Sie Ihrem Kunden die Möglichkeit, sich einzubringen. Dazu helfen angemessene Fragen – und noch mehr Ihre Fähigkeit zu schweigen.

Denn mal etwas provokant gefragt: Wie wollen Sie einen Kunden nachhaltig überzeugen, wenn Sie ihm nicht einmal die Möglichkeit geben, über Ihre Äußerungen nachzudenken? Kann es vielleicht sein, dass manche Kunden den von vielen Verkäufern gehassten Satz „Ich muss noch einmal eine Nacht darüber schlafen!" nur deshalb sagen müssen, weil sie vom Verkäufer so viele Informationen bekommen haben, dass sie diese nun in Ruhe – also ohne Unterbrechungen des Verkäufers – überprüfen möchten oder vielmehr müssen? Oder dass sie Angst haben, eine „dumme" Frage zu stellen und der Verkäufer diese nicht ernst nimmt? Dass die vielen Worte des Verkäufers bei ihnen das Gefühl hervorrufen, über den Tisch gezogen zu werden? Kann etwas wirklich sehr gut sein, wenn es extrem vieler Worte und Ausführungen bedarf?

Selbstverständlich müssen Sie auch nicht sofort auf jede Frage eine Antwort haben. Sagen Sie ruhig, dass Sie einen Moment darüber nachdenken möchten, bevor Sie eine Antwort geben.

Reflexion/Übung 49

Stellen Sie Kollegen oder Ihrer Familie Fragen und beobachten Sie, wie sich beim Denken die Augen bewegen. Lernen Sie, die Blickrichtungen Ihrer Gesprächspartner zukünftig stärker zu berücksichtigen.

4.3 Warum nicht alles beim Kunden ankommt

Verkäufer neigen manchmal dazu, den Kunden mit Informationen zu erschlagen. Doch dabei wird vollkommen vergessen, dass der Zuhörer im Normalfall eine schwache Gedächtnisleistung hat und von zehn besonderen Vorteilen oder Mehrwerten, die der Verkäufer herausstellt, vielleicht nur zwei oder drei behalten kann. Schlimmstenfalls sogar gerade die schwächsten Vorteile. Sinnvoll ist es, vorab Fragen zu stellen, um herauszufinden, was den Kunden wirklich interessiert. Dadurch erhöht sich auch die Wahrscheinlichkeit des Behaltens.

Gehen Sie davon aus, dass Ihr Kunde Sie niemals komplett versteht, denn kein Mensch kann wirklich alles verstehen und behalten – selbst wenn er will.

Das 20-Prozent-Gesetz soll verdeutlichen, wie die Informationen binnen kürzester Zeit verlorengehen. Nur ein Bruchteil von dem, was wir hören, können wir behalten.

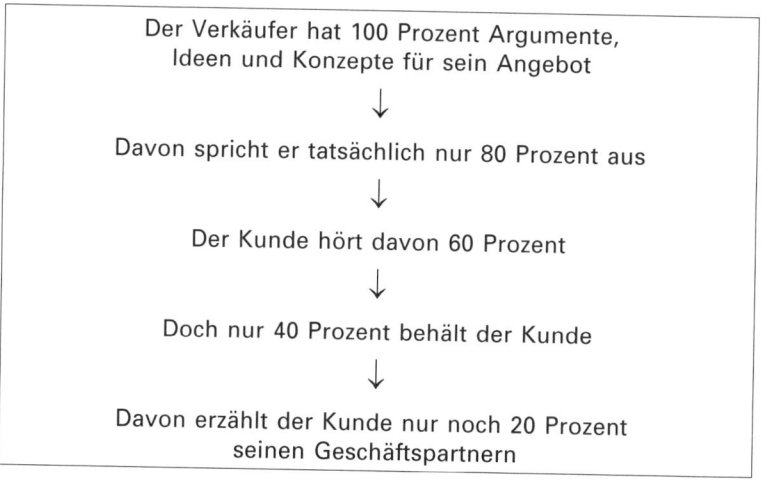

Der Verkäufer hat 100 Prozent Argumente,
Ideen und Konzepte für sein Angebot

↓

Davon spricht er tatsächlich nur 80 Prozent aus

↓

Der Kunde hört davon 60 Prozent

↓

Doch nur 40 Prozent behält der Kunde

↓

Davon erzählt der Kunde nur noch 20 Prozent
seinen Geschäftspartnern

Abbildung 11: Die meisten Informationen gehen verloren

Ich weiß jetzt nicht, welche Versuchsbedingungen diesem 20-Prozent-Gesetz, das im Rahmen einer amerikanischen Studie abgeleitet worden ist, zugrunde lagen. Für Ihre Praxis bedeutend ist, dass nicht alles ankommt und behalten wird, was gesagt wird oder gesagt werden sollte.

Dies liegt einerseits daran, dass kaum einer wirklich zuhören kann und andererseits, dass jeder Worte anders interpretiert bzw. assoziiert – und sich damit ablenkt. Ihr Gesprächspartner wird Ihre Botschaft beim Weitererzählen ohne böse Absicht aufgrund seiner bisher gemachten Erfahrungen interpretieren und sowohl beim Erinnern als auch beim Weitererzählen vieles in Ihre ursprüngliche Aussage hineininterpretieren oder nicht mehr wissen. Schlimmstenfalls enden dann solche Gespräche in Streitereien mit Formulierungen wie „Nein, das habe ich so nicht gesagt."

Überlegen Sie, ob es Ihnen und Ihrem Kunden in manchen Situationen helfen könnte, das Verstandene zu wiederholen. Beispielsweise könnten Sie ihn bitten mit den Worten: „Bitte wiederholen Sie kurz, wie Sie die Maschine bedienen, damit ich weiß, ob ich alles Wesentliche richtig erklärt habe." Oder: „Ich bin mir nicht ganz sicher, ob ich jetzt alles Wichtige gesagt habe. Können Sie mir bitte noch einmal das Wesentliche wiederholen?"

Bleiben wir bei der Gedächtnisleistung. In vielen Büchern können wir lesen und viele Trainer sagen uns, dass sich die Wirksamkeit der Kommunikation aus 7 Prozent Inhalt, 38 Prozent Stimme und 55 Prozent Körpersprache zusammensetzt. Vielleicht haben Sie diese Regel auch schon einmal gehört. Speziell in Rhetorikseminaren wird gerne unkritisch darauf eingegangen. Diese 55-38-7-Regel ist auf Albert Mehrabian zurückzuführen. Er hat 1967 eine Studie mit dem Ziel durchgeführt, Widersprüche zwischen dem gesprochenen Wort, der Stimme und der Körpersprache in der Kommunikation zu untersuchen. Dazu wurden Fotos mit Gestiken und Mimiken gezeigt und Wörter (also keine Sätze!) gesagt. Sein Ergebnis war diese Formel. Somit bezieht sich diese Regel ausschließlich auf diesen Versuchsablauf, und eine Ableitung auf sämtliche Kommunikationsabläufe wäre grob verallgemeinernd, wenn nicht sogar falsch.

Aufgrund dieser Formel zu schließen, dass die Inhalte nicht so wichtig sind – eine strenge Interpretation verleitet dazu –, wäre fatal. Fragen wir doch einmal umgekehrt: Wenn 93 Prozent der Botschaft über Stimmlage, Mimik, Körpersprache und dergleichen nonverbal kommuniziert wird – müsste man denn dann nicht jeden Fremdsprachler verstehen können, denn es blieben uns demnach ja nur sieben Prozent verborgen? Ich gebe zu, dass ich diese Regel auch irgendwann einmal „gelernt" habe. Ich habe sie einfach unkritisch von mehreren Trainern übernommen und geglaubt. Wir übernehmen oftmals leichtfertig irgendwelche „Wahrheiten". Wie oft erzählt ein Mensch mit Überzeugung etwas, was objektiv gesehen so gar nicht stimmen kann – und trotzdem wird ihm geglaubt? Wie viele Dinge erzähle ich eigentlich, die ich meine zu wissen, aber nicht wirklich weiß? Und wie ist es bei Ihnen? Plappern Sie womöglich auch hin und wieder Menschen einfach nach? Wie kommen Sie darauf, dass Sie die Wahrheit sagen? Was wären die Folgen für das Gespräch mit einem Kunden, wenn Sie für sich den Anspruch erheben würden, dass Sie Recht haben – und der Kunde Unrecht?

Testen Sie einmal Ihre Gedächtnisleistung. Schauen Sie sich eine Reportage oder einen Bericht über ein Thema an, welches Sie so gut wie gar nicht beherrschen. Sehen Sie sich ein Video ein paar Minuten lang an und nehmen dann „Ihre Version" gesprochen auf ein Diktiergerät auf. Lassen Sie sich überraschen, wie hoch die Diskrepanz beim Abgleichen zwischen Ihrem Diktat und dem Film ist.

Aufgrund des 20-Prozent-Gesetzes ist es so wichtig, dass Sie Ihre wesentlichen Botschaften so verpacken, dass Ihr Kunde sie eindeutiger versteht und sich an sie erinnern kann. Das heißt auch, dass weniger mehr ist und Sie deswegen weniger Informationen mitteilen sollten, diese aber öfters wiederholen dürfen und müssen. Trotzdem scheuen sich viele Verkäufer, Dinge doppelt zu sagen. Bitte vergessen Sie nicht, dass Sie das Gleiche auch in anderen Worten und mit anderen Beispielen sagen können, und dass es sich dann weniger „doppelt" anhört.

Reflexion/Übung 50

Überprüfen Sie kritisch Ihre Präsentation und Ihre Unterlagen. Machen diese es Ihren Kunden wirklich leicht, Sie zu verstehen – schließlich ist das der Sinn und Zweck von Unterlagen. Wie könnten Sie es Ihren Kunden noch leichter machen?

_____

_____

_____

_____

_____

Doch nur weil Ihre Kunden Sie nicht zu 100 Prozent verstehen, werden sie nicht automatisch nachfragen oder widersprechen. Viele sind auch nur sehr gut erzogen, lassen den Verkäufer ausreden, um dann endlich bei einer Gesprächspause einzuhaken. Sie sollten ebenfalls davon ausgehen, dass Ihr Kunde nicht zwangsläufig die Argumente A, B und C von Ihnen versteht, nur weil Sie diese sagen. Eventuell stimmt er mit A überein, wägt innerlich Ihr Argument B ab und kann währenddessen gar nicht Ihr Argument C aufgreifen, geschweige denn behalten. Und was passiert, wenn der Kunde aufgrund einer Frage Ihrerseits oder einer Gesprächspause antwortet? Häufig meint der Verkäufer schon nach den ersten Worten genau zu wissen, was der Kunde mit dieser Aussage bezweckt, was dahinter steckt und macht sich Gedanken, was er nun erwidern sollte. Doch wenn sich ein Verkäufer Gedanken macht, was er jetzt gleich sagt, während der Kunde spricht – wie kann der Verkäufer dann wirklich zuhören? So geht das Spiel in vielen Gesprächen, nicht nur im Verkauf: Zwei oder mehr Personen reden, aber kaum einer versteht den anderen wirklich, weil er nicht immer zu 100 Prozent voll bei der Sache ist – und meiner Meinung nach auch nicht immer sein kann. Häufig bemerkt ein Leser auch beim wiederholten Lesen der gleichen Lektüre Details oder Zusammenhänge, die von ihm vorher nicht wahrgenommen worden sind – obwohl es derselbe Text ist. Letztlich hören wir alle immer zu, nur mit unterschiedlich starker Intensität. Das geht von „so tun als ob" bis hin zu „an den Lippen kleben".

4.4 Paraphrasieren und Verbalisieren

Mit dem Paraphrasieren und Verbalisieren beugen Sie Missverständnissen vor. Mit Paraphrasieren ist gemeint, dass Sie den gehörten Inhalt mit eigenen Worten wiedergeben. Beispielsweise sagt ein Kunde zu Ihnen: „Bei der Bestellung ist mir wichtig, dass die Qualität genau unseren Spezifikationen entspricht und pünktlich um 7.00 Uhr am 24.02. angeliefert wird." Den Inhalt könnten Sie nun in eigenen Worten wiedergeben mit „Wenn ich Sie richtig verstehe, möchten Sie, dass die Ware gemäß Ihren Spezifikationen genau um 7.00 Uhr am 24. Februar geliefert wird." Die Informationen werden ohne Bewertung rein inhaltlich wiedergegeben und dienen letztlich der Vorbeugung von Missverständnissen. Beide Gesprächspartner bekommen somit mehr Sicherheit.

Sie können solche Aussagen einleiten mit

- „Sie möchten also, dass ..."
- „Anders formuliert ..."
- „Ich verstehe Sie so, dass ..."

Beim Verbalisieren geht es darum, die Töne zwischen den Zeilen aufzugreifen sowie auch Veränderungen der Körpersprache. Manche Menschen möchten oder können ihre Wünsche nicht konkret ausdrücken und reden dann „drumherum". Mit dem Verbalisieren sagen Sie konkret, was Sie zwischen den Zeilen verstanden haben. Wenn ein Kunde beispielsweise unsicher sagt „Ich weiß nicht genau, ob ich mir das leisten soll. Es klingt zwar gut, aber es ist ja auch viel Geld.", dann könnte nach Einschätzung des Verkäufers aufgrund der Kundenhistorie und der Kommunikationsweise die passende Antwort „Sie befürchten, dass Sie viel Geld für das Produktkonzept ausgeben und letztlich nichts daran verdienen, weil es bei Ihnen im Betrieb nicht umgesetzt wird." lauten. Das Verbalisieren verlangt viel Fingerspitzengefühl. Doch wenn Sie unausgesprochene Emotionen oder Wünsche aussprechen, dann fällt dem Gesprächspartner gewöhnlich die Last vom Herzen, und Sie können nun Lösungswege erarbeiten. Was aber noch viel wichtiger ist: Ihr Kunde spürt, dass Sie sich für ihn als Menschen interessieren und nicht nur verkaufen wollen.

Verbalisierungen können Sie unter anderem beginnen mit

- „Sie wünschen also ..."
- „Ich habe das Gefühl, dass Sie unsicher sind, weil ..."
- „Ganz wichtig ist Ihnen somit ..."

Sie selbst sollten natürlich ebenfalls mit Fragen nachfassen, wenn Sie etwas nicht eindeutig verstehen. Durch dieses Nachfragen zeigen Sie Interesse und erleichtern beiden Seiten die Kommunikation.

Reflexion/Übung 51

Was meinen Sie, in welchen Situationen Ihres Alltags wäre es sinnvoll zu paraphrasieren oder verbalisieren? Wo gab es bisher häufiger Missverständnisse?

_____
_____
_____
_____
_____
_____

4.5 Aktives Zuhören

Beim „aktiven Zuhören" handelt es sich um keine Methode, sondern vielmehr um eine Einstellung. Wenn Sie aktiv zuhören, können Sie die emotionale Situation des Kunden verstehen. Das aktive Zuhören darf nicht gekünstelt wirken. Aktives Zuhören funktioniert nur, wenn Sie wirklich Interesse an Ihrem Gegenüber haben. Sobald Sie sich entschieden haben, jetzt auch „aktiv zuhören" zu wollen, werden Sie möglicherweise spüren, dass Sie sich ein wenig unwohl fühlen, denn Ihre Äußerungen werden dann nicht mehr die üblichen sein. Eventuell werden Sie sich dabei sogar so auf sich konzentrieren, um „aktiv zuzuhören", dass Sie letztlich gerade deswegen dieses nicht mehr authentisch machen. Doch auch hier macht die Übung den Meister. Denn irgendwann machen Sie es bei echtem Interesse automatisch unbewusst.

Im normalen Alltag hören Menschen je nach Interesse und Konzentrationsfähigkeit mit unterschiedlicher Intensität zu. Sie verhalten sich letztlich passiv. Mit dem „aktiven Zuhören" motivieren Sie Ihre Kunden gezielt zum Sprechen über seine Einstellungen, Meinungen und Motive. Auf diese Weise finden Sie heraus, was Ihr Kunde empfindet, was ihn beschäftigt und was ihm an diesem Thema persönlich wichtig ist. Hier richten Sie somit nicht nur die Aufmerksamkeit auf das, was er sagt, sondern auch auf das Wie, um den Kunden wirklich (!) zu verstehen – und zwar so, dass er sich selbst von Ihnen verstanden fühlt. Durch das Erfassen und Aussprechen der Gefühle des Kunden Ihrerseits sorgt das Verstandenfühlen beim Kunden für die Erkenntnis, dass Sie ihn verstehen.

Der Kunde fängt an, über seine Gefühle zu sprechen, weil Sie ihn durch das „aktive Zuhören" öffnen. Indem Sie dem Kunden die Möglichkeit geben, sich emotional auszudrücken, haben Sie eine bessere Basis, um danach sachlicher miteinander zu sprechen. Der Kopf des Gesprächspartners ist dadurch dann schlussendlich freier. Der Kontakt zwischen Ihnen beiden wird besser, weil der Kunde das Gefühl des Verstanden-werdens bekommt und von Ihnen als Mensch wahrgenommen wird: Sie verbessern den zwischenmenschlichen Kontakt. Denn es ist nun einmal so: Wenn Sie den Kunden nur rational und nicht auch emotional gewinnen, dann wird er mit hoher Wahrscheinlichkeit nicht mit voller Überzeugung bei Ihnen kaufen – wenn überhaupt. Sie als Verkäufer haben maßgeblich die Verantwortung und die Möglichkeit, die Brücke zum Kunden rational und emotional aufzubauen und auszubauen.

„Aktiv Zuhören" können Sie eigentlich immer, egal ob zur Gesprächseröffnung, bei Äußerungen des Kunden, bei Einwänden oder Meinungen und Ansichten sowie in festgefahrenen Situationen.

Es gibt viele Strategien und Wege, wie ein Verkäufer das Gespräch mit einem Kunden beginnen kann. Manche versuchen beispielsweise, einen Small Talk über das Wetter zu führen, andere schauen sich im Büro des Kunden um, um den Kunden dann etwa auf ein außergewöhnliches Bild anzusprechen. Wieder andere starten das Gespräch mit der Frage: „Na, wie geht es Ihnen?" Für mich persönlich ist speziell diese Frage eine Floskel. Das wurde mir bewusst, als ich einen Verkäufer bei seiner Außendiensttätigkeit begleitet habe. Wir sind zu einem seiner Kunden gefahren und der Verkäufer sagte zur Begrüßung: „Na, wie geht's?" Daraufhin erwiderte der Kunde mit nach unten gesenktem Blick: „Nicht so gut, meine Frau ist gestorben." Trotzdem fing der Verkäufer schonungslos mit seiner Präsentation an und wunderte sich nachher im Auto, wieso das Gespräch nicht so gut verlaufen war. Ich fragte ihn: „Was meinst Du, wieso hat der Kunde nicht gerne gekauft?" Nach Einschätzung des Verkäufers hatte der Kunde einfach nur einen schlechten Tag. Ich bestätigte ihm das und sagte ihm, dass die Frau des Kunden gestorben sei und er wirklich einen schlechten Tag hatte. Dies hatte der Verkäufer leider trotz seiner Frage nicht mitbekommen!

Kaum jemand antwortet auf die Frage „Wie geht's?" ehrlich, und die wenigsten Fragesteller erwarten, dass über die Gefühle und Gedanken offen gesprochen wird. Also kann man auf das Stellen dieser Frage an sich verzichten.

Versuchen Sie doch einmal, den Kunden am Anfang rein emotional anzusprechen, sodass der Kunde darauf reagieren kann. Sie zwingen ihm kein Thema von sich auf. Er kann sich darüber äußern, was er gerade empfindet und worüber er sprechen möchte. Sollte der Kunde auf Ihren emotionalen Einstieg nicht eingehen wollen, so ist dieses auch nicht schlimm. Respektieren Sie diese Aussage mit beispielsweise „Sie wollen lieber nicht darüber reden." oder „Sie möchten niemanden mit Ihren Problemen belasten." Wichtig ist, dass diese Aussage ausschließlich ein Statement ist und nicht mit einer Frage kombiniert wird, womöglich auch noch vorwurfsvoll wie beispielsweise „Möchten Sie denn nicht über Ihre Probleme reden?" Überraschenderweise öffnen sich viele Kunden beim wertschätzenden Nachfassen dann dennoch emotional.

Falls Sie emotional nicht weiterkommen, so wird der Kunde Ihren Versuch dennoch bemerken und dies positiv verbuchen, denn dieses menschliche Verhalten wird Sie in der Regel entscheidend positiv von anderen Verkäufern abheben.

Wenn Sie möchten, dass der Kunde über seine Gefühle spricht, dann könnte der Gesprächsverlauf zu Beginn so aussehen:

Verkäufer: *„Sie scheinen aufgewühlt zu sein. Ist etwas?"*
Kunde: *„Nein, es ist alles in Ordnung."*
Verkäufer: *„Ich habe das Gefühl, dass Sie sich gerade geärgert haben."*
Kunde: *„Nun, eigentlich bin ich eher wütend."*
Verkäufer: *„Hm."* (ein paar Sekunden schweigen)
Kunde: *„Es ist so, dass ..."*

Gewöhnlich schätzen es Menschen sehr, über ihre Gefühle und Gedanken reden zu können. Manche erzählen dann teilweise Dinge, die sie eigentlich ursprünglich gar nicht erzählen wollten. Gerade darum ist dieses Vorgehen so wirksam. Es versteht sich von selbst, dass Sie mit intimen Details verantwortungsvoll umgehen und dem Kunden gegebenenfalls auch sagen, dass Sie diese Informationen vertraulich behandeln. Speziell bei Inhalten, die Ihr Gesprächspartner nicht leicht über die Lippen bekommen hat, ist Ihr Taktgefühl sehr gefragt. Ihr Kunde würde höchstwahrscheinlich ein unangenehmes Gefühl bekommen, wenn Sie bei einem späteren Termin von sich aus auf ein Thema zu sprechen kommen, dass er ursprünglich gar nicht ansprechen wollte. Anders sieht es aus, wenn der Kunde von sich aus erneut auf dieses Thema zu sprechen kommt.

Mit Ihrer emotionalen Ansprache kann der Kunde von sich aus das Thema bestimmen, über das er am liebsten sprechen möchte. Dies hebt Sie wieder von den Verkäufern ab, die zwanghaft ein Thema suchen. Mit hoher Wahrscheinlichkeit wird der Kunde auf einen sachlichen Themenvorschlag wie beispielsweise das Wetter höflich eingehen – aber was ist mit dem Kunden als Menschen, worüber möchte er denn gerne sprechen?

Sie merken es, ob Ihr Kunde zu Gesprächbeginn fröhlich, bedrückt oder zerstreut ist. Fassen Sie Ihren subjektiven Eindruck als Statement in Worte und fragen Sie ihn beispielsweise: „Sie wirken auf mich sehr fröhlich. Darf ich wissen weshalb?" oder „Ich habe den Eindruck, dass Sie etwas belastet. Gibt es irgendwelche Probleme?". Egal ob Sie nun mit Ihrer Einschätzung der Gefühlslage richtig liegen oder nicht: Die meisten Kunden werden Sie entweder korrigieren oder bestätigen und über das sprechen, was sie derzeit beschäftigt.

Sie können Ihre emotionalen Statements einleiten mit Formulierungen wie

- „Sie sind ..."
- „Sie haben ..."
- „Sie fühlen sich ..."
- „Sie klingen ..."

und durch Ihre persönliche Einschätzung ergänzen. Beispielsweise mit „erfreut", „glücklich", „entspannt", „aufgewühlt", „traurig" oder „enttäuscht". Selbstverständlich sind auch andere Varianten möglich: „Das freut Sie." oder „Das verstimmt Sie.". Wichtig ist, dass Sie Aussagen formulieren und keine Fragen.

Reflexion/Übung 52

Mit welchen Worten und Formulierungen eröffnen Sie das Gespräch? Was könnten Sie hier einmal anders machen und ausprobieren?

Das „aktive Zuhören" ist natürlich auch in anderen Gesprächssituationen möglich, beispielsweise bei der Einwandbehandlung. Mal angenommen, der Kunde wendet ein: „Das ist mir zu viel Geld", dann könnten Sie antworten: „Das heißt, wenn wir in Hinblick auf den Preis eine Lösung finden, würden Sie kaufen?" Doch wie sieht es mit den Gefühlen aus, die hinter so einer Kundenaussage stecken? Viele Kunden haben Angst, dass sie zu viel bezahlen. Denn spätestens wenn sie später von Freunden oder Kollegen hören, dass sie woanders das gleiche Produkt zehn Prozent günstiger bekommen hätten, stehen sie als der Dumme da. Kunden gehen beim Kauf häufig auch noch zahlreiche andere Gedanken im Kopf herum. Am Ende sagen die Mitarbeiter womöglich: „Was hast Du denn da für einen Ramsch eingekauft – damit kann man ja gar nicht vernünftig arbeiten!" Egal welche Gefühle Ihr Kunde während des Gesprächs hat: Sie sind vorhanden. Jetzt liegt es an Ihnen, ob Sie diese aufgreifen und thematisieren – oder ob Sie versuchen, ausschließlich rational zu verkaufen.

Auf den Kundenweinwand „Das ist mir zu viel Geld" könnten Sie emotional beispielsweise mit „Das irritiert Sie." oder „Sie haben das Gefühl, dass die Gegenleistung nicht so viel wert ist." antworten, um seine Gefühlswelt besser zu verstehen.

Das aktive Zuhören fördern

Mit folgenden Ideen bringen Sie das Gespräch voran und schaffen es, dass der Kunde sich Ihnen gegenüber emotional immer mehr öffnet:

Der Verkäufer besucht einen Kunden:

Verkäufer: *„Ich habe das Gefühl, dass Sie im Moment nicht so gut drauf sind. Darf ich fragen weshalb?"*

Kunde: *„Ja, in der Tat. Ein Mitarbeiter von mir macht in letzter Zeit immer wieder Fehler. Das führt zu Reklamationen und nervt mich gerade sehr."*

Wenn nun der Verkäufer das Thema einfach wechselt und gar nicht auf die Kundenaussage eingeht, dann wäre dies ein Zeichen geringer Wertschätzung.

Auf die Kundenaussage könnte der Verkäufer mit einem emotionalen Statement reagieren.

Verkäufer: *„Das frustriert Sie."*

Oder aber auch ein wenig ausführlicher. Dann achten Sie bitte darauf, dass Sie ausschließlich auf die verborgenen Gefühle eingehen, die sich hinter der Kundenaussage verbergen:

Verkäufer: *„Sie haben Sorgen, dass Sie Kunden verlieren und mehr Stress wegen unnötiger Mehrarbeit haben."*

Viele Verkäufer hätten die Kundenaussage als Steilvorlage genommen, um zu erzählen, dass es noch viel schlimmer geht. Beispielsweise fangen sie dann an mit: „Oh, ja. Das kenne ich. Da stellt man jemanden ein, und dann macht der nichts anderes als Ärger. Dabei ..." Doch es geht beim „aktiven Zuhören" nicht darum, dass der Verkäufer den Kunden aktiv zum Zuhören zwingt, sondern darum, dass der Kunde sich über seine Situation emotional äußert und der Verkäufer ihm mit wenigen Worten wertschätzend dabei hilft. Wenn ein Verkäufer mit seinen Meinungen und Ratschlägen die Aussagen des Kunden kommentiert, engt er den Kunden ein und zwingt ihn, auf seine Äußerungen einzugehen. Doch der Kunde soll ausschließlich seine Gedanken äußern.

Viele Menschen sind es nicht gewohnt, über Ihre Gefühle zu reden oder sind erstaunt, dass sich tatsächlich ein Geschäftspartner für diese interessiert. Deswegen brauchen Kunden häufig ein wenig Zeit, um ihre Emotionen ausdrücken zu können. Es spricht somit nichts dagegen, wenn Sie beide einige Sekunden schweigen. Dies gibt dem Kunden die Möglichkeit, weiterzusprechen und beugt der Gefahr vor, dass Sie ihn mit Ihrem Kommentar unterbrechen. Sie können Ihren Gesprächspartner nach kurzen Pausen auch durch ein „hm" oder durch körpersprachliche Verhaltensweisen animieren, weiterzusprechen.

Ebenso helfen Ihnen folgende W-Fragen dabei, dass sich der Kunde emotional vertiefend äußert:

- „Was bedeutet das für Sie?"
- „Was empfinden Sie dabei?"
- „Wie machen Sie das?"

Bitte verwechseln Sie diese Art von Fragen nicht mit Informationsfragen. Missbrauchen Sie diese Ausgangssituation nicht, indem Sie Ihren Kunden nach dem im Beispiel genannten Mitarbeiter oder Ähnlichem ausfragen. Speziell beim „aktiven Zuhören" ist es wichtig, dass Sie keine „Kommunikationssperren" verwenden (siehe Kapitel 2).

So sind auch Wertungen jeglicher Art, wie „Das ist schlimm." oder „Das haben Sie gut gemacht.", beim aktiven Zuhören hinderlich. Mit negativen Wertungen bestätigen Sie das ungute Gefühl des Kunden und bauen es sogar aus. Und etwaige positive Wertungen müssen sich noch lange nicht mit der Meinung des Kunden decken.

Es ist nun einmal so, dass nicht alles gut ankommt, was wir gut meinen. Deswegen gehören Ratschläge, Kritik, Beschwichtigung, Bagatellisierung oder Verallgemeinerung ebenfalls nicht zum Repertoire des „aktiven Zuhörens". Ziel ist es, die Gefühle des Kunden zu akzeptieren, um ihn als Menschen zu gewinnen. Wie wir die Ursache dieser Gefühle sehen, spielt keine Rolle – das ist unsere subjektive Sicht. Sobald der Kunde seine Emotionen ausgedrückt hat, wird er das Gespräch mit einem besseren Gefühl fortsetzen.

Wenn Sie im Gespräch intuitiv zwischen einfachen und ausführlichen Statements, kurzen bestätigenden Lauten (aha, hm), körpersprachlichen Signalen (Nicken) und guten W-Fragen mit ausreichend Gesprächspausen reagieren, werden Sie sehr viel über Ihren Kunden erfahren. Dabei ist es sehr wichtig, dass Sie den passenden Blickkontakt dazu aufrechterhalten.

Mit Ihrem Blickkontakt zeigen Sie Ihre Zuwendung. Blickkontakt fällt besonders dann auf, wenn er fehlt. Wenn Sie wirklich an den Aussagen interessiert sind, werden Sie mit hoher Wahrscheinlichkeit den Blickkontakt automatisch angemessen gestalten. Dieser ist von der Situation und dem jeweiligen Menschen abhängig.

Generell ist die Wahrscheinlichkeit eines Blickkontakts größer, wenn das aufgetretene Problem als leicht zu bewältigen gilt. Sollte das Thema sehr intim sein oder einer hohen Konzentration bedürfen, dann findet dieser in der Regel seltener statt. Aber auch geschlechterspezifisch gibt es Unterschiede: Häufig suchen Frauen den Blickkontakt schneller als Männer und Extrovertierte eher als Introvertierte. Menschen mit niedrigerem Status werden seltener angesehen als Menschen mit höherem Status – wahrscheinlich ist Ihnen dies auch schon aufgefallen, wenn Sie durch die Fußgängerzone gehen.

Es wurde festgestellt, dass bereits vier Monate alte Säuglinge das Blickkontaktverhalten ihrer Eltern übernommen haben und die Intensität sich im Laufe des Lebens ab dann nicht mehr ändert. Ebenso ist das Blickverhalten in jedem Kulturkreis anders. Blickkontakt signalisiert dem Gesprächspartner Aufmerksamkeit und Gesprächsbereitschaft. Somit ist er eine Form des Feedbacks. Menschen mit mehr Blickkontakt gelten als freundlicher und natürlicher, aber auch dominanter, aktiver und selbstbewusster.

Der eine oder andere Kunde wird Sie, wenn er sich seiner Emotionen bewusster geworden ist, vielleicht um einen Lösungsvorschlag bitten. Doch Achtung: Es ist nicht hilfreich, wenn Sie der Bitte Folge leisten und ihm konkrete Empfehlungen geben. Fragen Sie ihn einfach, welche Lösungsvorschläge nach seiner Sicht umsetzbar sind – denn mit hoher Wahrscheinlichkeit hat er sich darüber bereits Gedanken gemacht.

Beispieldialog

Ausgangssituation: Ein Haarkosmetikverkäufer besucht eine Friseurin und spürt, dass diese anders gestimmt ist also sonst:

Verkäufer: „*Ich habe den Eindruck, dass Sie heute nicht so gut drauf sind – ist das so?*"

Kundin: „*Nein, nein – es ist schon alles in Ordnung.*" (Antwort kommt eher reflexartig)

Verkäufer: „*Sie sind enttäuscht.*" (Acht Sekunden herrscht Schweigen.)

Kundin: „*Ja. Meine beste Mitarbeiterin hat gekündigt. Von heute auf morgen.*" (Stimme anklagend)

Verkäufer: „*Hm.*" (Einige Sekunden herrscht Schweigen.)

Kundin: „*Dabei habe ich so auf sie gesetzt.*" (Stimme enttäuscht)

Verkäufer: „*Sie fühlen sich ausgenutzt.*"

Kundin: „*So etwas Undankbares. Ich habe so viel investiert, habe die Kosten für die Meisterschule übernommen, damit sie in zwei Jahren den Betrieb übernimmt. Und nun so etwas.*"

Verkäufer: „*Sie sind jetzt ratlos.*"

Kundin: „*Ja, genau. Ich wollte eigentlich bald in den Ruhestand gehen, alles schien in trockenen Tüchern zu sein – und jetzt das.*"

Verkäufer: „*Sie sind jetzt verunsichert.*"

Kundin: „*Nicht nur verunsichert, sondern total planlos. Ich bin vollkommen durch den Wind und weiß gar nicht, wie ich damit umgehen soll. Haben Sie nicht eine Idee?*"

Verkäufer: „*Wahrscheinlich haben Sie sich schon Gedanken über mögliche Szenarien gemacht.*"

Kundin: „*Ja, also entweder muss ich jetzt tatsächlich noch länger arbeiten als geplant – oder ich finde noch kurzfristig jemanden, sodass ich in zwei Jahren wirklich den Betrieb übergeben kann.*"

Verkäufer:	„Welche Ideen haben Sie, um gezielt Meisterschüler zu finden?"
Kundin:	„Nun, ich habe erst mal einige befreundete Betriebe informiert, die ich über die Innung kenne. Eine hat eine Mitarbeiterin, welche unbedingt noch in diesem Jahr mit der Meisterschule anfangen will. Ich weiß schon jetzt, dass sie dort nicht als Meisterin im Angestelltenverhältnis arbeiten wird – das rechnet sich für die Kollegin nicht. Diese Friseurin wäre eine mögliche Nachfolgerin. Die ist recht pfiffig."

Folgender Beispieldialog ist misslungen. Er greift den Irrtum auf, dass man allzu vertraut und recht plump miteinander sprechen könnte, nur weil man sich gut kennt.

Verkäufer:	„Hey, was ist los? Sie sehen aus, als ob Ihnen gerade eine Laus über die Leber gelaufen wäre."
Kundin:	„Nein, nein – es ist schon alles in Ordnung." (Antwort kommt eher reflexartig.)
Verkäufer:	„Na, kommen Sie. Wir kennen uns doch schon sechs Jahre. Mir können Sie es ruhig sagen."
Kundin:	„Ja. Meine beste Mitarbeiterin hat gekündigt. Von heute auf morgen." (Stimme anklagend)
Verkäufer:	„Das ist ja ungeheuerlich." (Wertung) „Man kann sich wirklich heutzutage auf niemanden mehr verlassen." (Verallgemeinerung)
Kundin:	„Dabei habe ich so auf sie gesetzt." (Stimme enttäuscht)
Verkäufer:	„Warum haben Sie denn keinen Vertrag gemacht? Nun sitzen Sie da wie ein begossener Pudel. Also ich muss schon sagen, da haben Sie sich aber auch wirklich sehr unprofessionell verhalten." (Vorwurf und Wertung)
Kundin:	„So etwas Undankbares. Ich habe so viel investiert, habe die Kosten für die Meisterschule übernommen, damit sie in zwei Jahren den Betrieb übernimmt. Und nun so etwas."

Verkäufer: „Also, wenn Sie mich fragen: Nehmen Sie etwas Geld in die Hand, schalten Sie dann ein paar Anzeigen: Suche Meisterin zwecks Betriebsübernahme, und machen Sie unbedingt einen Vertrag." (Meinungsvorschlag, den die Kundin gar nicht hören wollte.)

Nach einem solchen Gespräch wird sich die Kundin noch schlechter fühlen als vorher. Es ist zudem fraglich, ob das Verhalten des Verkäufers für die Geschäftsbeziehung sowie für den emotionalen Kontakt kurz- und langfristig geschickt war. Dennoch ist ein solcher Gesprächsverlauf leider kein untypischer Praxisfall.

Reflexion/Übung 53

Für viele ist es schwierig, den emotionalen Zustand des Gesprächspartners in Worte zu fassen. Reflektieren Sie die letzten Gespräche und überlegen Sie, welche Worte und Formulierungen Sie im Sinne des „aktiven Zuhörens" hätten verwenden können.

___

___

___

___

___

___

So gelingt „aktives Zuhören"

Nachfolgend zahlreiche Tipps und Denkanstöße, wie Sie aktiv zuhören lernen. Die Reihenfolge ist willkürlich gewählt.

- Lernen Sie, sich mehr auf das derzeitige Gespräch einzulassen, damit Sie aufmerksamer zuhören können.

- Lassen Sie mehr Gefühle zu und horchen Sie in sich hinein. Was fühlen Sie? Welche Worte haben Sie dafür?
- Nehmen Sie sich bewusst vor, öfters „aktiv zuzuhören". Zunächst wirkt dies ein wenig gekünstelt, doch das gibt sich mit der Zeit. Irgendwie müssen Sie ja anfangen – und übers Üben kommt dann irgendwann der Automatismus. Sie werden zunehmend immer mehr im Hier und Jetzt sein und gedanklich weniger in der Zukunft („Was werde ich gleich erwidern?"). Setzen Sie mehr Vertrauen in Ihre Intuition, dann werden Sie häufig das Richtige sagen.
- Entwickeln Sie Ihre Einstellung zu Meinungsbeiträgen, denn jeder (!) Gesprächsbeitrag Ihres Gegenübers kann ein Füllhorn voller wertvoller Erfahrungen, Erkenntnisse oder Informationen sein.
- Seien Sie sich darüber im Klaren, dass auch Sie Vorurteile haben. Ihre Erfahrungen, Ihre Ziele oder auch Ihr Statusdenken sorgen dafür, dass Sie manche Informationen nicht wahrhaben wollen/können. Bedenken Sie, dass Sie mit diesen Barrikaden im Kopf gewisse Menschen nie erreichen werden – obwohl möglicherweise gerade diese Ihr Leben bereichern.
- Es ist ein Unterschied, ob Sie aus purem Eigennutz zuhören – oder aus Interesse am Menschen. Seien Sie sich dessen stets bewusst.
- Arbeiten Sie weiter an Ihrer Einstellung zu Meinungen und Erfahrungen anderer. Sehen Sie es als Geschenk an, wenn jemand Sie in seine Welt einlädt und erzählt, wie er etwas sieht, wie er etwas empfunden hat und welche Konsequenzen er daraus zieht. In die Welt anderer Menschen einzutauchen ist sehr spannend und bereichernd – häufig sogar interessanter als so manch eine Fernsehsendung.
- Fragen Sie sich durchaus auch mal kritisch, ob Sie wirklich jeden gewinnen und überzeugen müssen. Kann es möglicherweise sein, dass Sie manchmal viel Energie beim Überzeugen

eines Kunden aufwenden – obwohl die Fronten verhärtet sind und Sie beide im Inneren eigentlich wissen, dass es nicht zu einem Geschäft kommen wird? Wäre es da nicht wertschätzender, wenn Sie gerade da versuchten, über den Menschen an sich durch Zuhören und Verstehen die Brücke zu schlagen – und sich möglicherweise für zukünftige Geschäfte die Tür wenigstens einen Spalt breit offen zu halten?

- Entscheiden Sie sich bewusst für ein Thema (egal ob nun Buch oder Fernsehsendung), welches sie eigentlich gar nicht mögen. Setzen Sie sich damit mindestens eine Stunde lang auseinander, und erarbeiten Sie mindestens drei Punkte, die dafür sprechen, dass es doch ein interessantes Thema ist.

- Starten Sie gezielt Gespräche, um die Emotionen und Motivationen zu verstehen, die ein Gesprächspartner hat. Ausschließliches Ziel ist es, ihn zu verstehen. Es geht nicht darum, dieses zu bewerten oder gar aufgrund dessen Ratschläge zu geben.

- Überprüfen Sie, weshalb Sie wann im Alltag gewisse Ansichten oder Meinungen nicht zulassen können oder wollen. Hinterfragen Sie sich, ob es wirklich sinnvoll ist, bei dieser Meinung zu bleiben und Abweichler nicht zu dulden.

- Fragen Sie sich öfters kritisch, weshalb Sie von anderen Menschen meinen erwarten zu können, dass diese Ihren Standpunkt einnehmen sollten oder müssten – wenn Sie selbst nicht von Ihrem Standpunkt abrücken.

- Achten Sie darauf, mehr im Hier und Jetzt zu sein und somit Dinge bewusster zu tun. Viele Menschen machen viele Dinge gleichzeitig und sind selten richtig bei der jeweiligen Sache. Wenn Sie achtsamer mit sich umgehen, werden Sie auch achtsamer mit anderen Menschen umgehen können. Ihre Achtsamkeit könnten Sie beispielsweise mithilfe von Meditation entwickeln.

- Wenn Sie selbst die verstandenen Informationen wiederholen und gegebenenfalls auch mitschreiben, signalisieren Sie Ihrem

Sender nicht nur Interesse, sondern trainieren auch Ihr Gedächtnis.

- Reflektieren Sie Ihr Antwortverhalten: Reagieren Sie automatisch auf gewisse Aussagen? Überprüfen Sie, ob dadurch das Gespräch wirklich wertschätzender verläuft. Wie hätten Sie das Gespräch bereichern können? Wie hätten Sie sich durch Ihre Beiträge besser in die Lage des Sprechers versetzen können?
- Beobachten Sie Gespräche anderer (egal ob nun beispielsweise im Zug, Restaurant oder im Fernsehen). Wieso verläuft das Gespräch so, wie es verläuft?
- Reden Sie weniger – beobachten und hören Sie mehr. Das ist nur dann möglich, wenn Sie sich darin üben, einfach mehr zu schweigen. Sehen Sie das Schweigen als etwas ganz Natürliches an.
- Seien Sie sich darüber im Klaren, dass unaufgeforderte Ratschläge mehr oder weniger bewusst die Botschaft transportieren „Sie sind eh zu dumm. Weil ich schlau bin, sage ich Ihnen nun, was Sie zu tun haben." Speziell in schwierigen Situationen brauchen Menschen keine Ratschläge, sondern Bestätigung und Verständnis.
- Hören Sie sich selbst mehr zu, wenn Sie reden. Neigen Sie möglicherweise dazu, zu ausschweifend zu reden, sodass Sie es Ihren Zuhörern schwer machen, Ihnen zuzuhören? Wie würden Sie sich in der umgekehrten Situation – als Zuhörer – fühlen?

Wenn Sie das „aktive Zuhören" noch nicht so gut beherrschen, dann werden Sie möglicherweise nicht gleich alles richtig machen. Doch dies wird das Gespräch an sich nicht verschlechtern. Denn leider ist es ja nahezu normal, dass Wertungen, Vorschläge, Verallgemeinerungen oder andere Aussagen vom Verkäufer kommen, sobald der Kunde von sich erzählt. Dennoch gibt es eine ganz wichtige Regel: Wenn Sie dieses hier nur als Methode sehen und nicht wirklich ernsthaftes Interesse an dem Menschen, an seinen Gefühlen und an seiner Situation haben, dann lassen Sie das Ganze bitte weg. Außerdem sollten Sie keinen Zeitdruck haben, denn durch diese Vorgehensweise kann das Gespräch leicht ein paar Minuten länger dauern. Ansonsten wirken Sie schnell unauthentisch und anbiedernd – und das hat dann nichts mehr mit Verkaufen auf Augenhöhe zu tun. Halten Sie bitte eine notwendige Distanz, bringen sich nicht ein – und helfen Sie dem Kunden einfach durch Ihre Aussagen, sich besser auszudrücken und sich seiner Situation bewusster zu werden.

Reflexion/Übung 54

Überlegen Sie nun, mit welchen Maßnahmen Sie Ihre Fähigkeit des „aktiven Zuhörens" konkret ausbauen wollen.

_____

_____

_____

_____

_____

4.6 Wie man Sie leichter versteht

Achten Sie darauf, dass Sie Ihren Sprach- und Sprechstil Ihrem jeweiligen Gesprächspartner anpassen. Wenn dieser offensichtlich ein Freund der kurzen knappen Sätze und Aussagen ist, dann würden Sie ihn mit hoher Wahrscheinlichkeit mit langatmigen Sätzen und Argumenten langweilen. Es gibt Menschen, die kommen tatsächlich vom Regenwurm über den Rüssel zum Elefanten. Vielleicht meinen Sie, dass Sie alles konkret und ausführlich erklären müssen, damit Ihr Kunde Sie auch wirklich versteht. Doch wenn Ihr Kunde diese Ansicht nicht mit Ihnen teilt, dann wird er Ihren wortgewaltigen Einsatz nicht zu schätzen wissen und innerlich sehr schnell abschalten. Sollte Ihr Kunde für sich entscheiden, dass Sie sich nicht kurz fassen können und Sie in seiner Wahrnehmung ein Zeitdieb sind, dann wird er mit hoher Wahrscheinlichkeit immer aufgeschlossener für einen neuen Lieferanten oder Ansprechpartner.

Nur weil Ihr Kunde möglicherweise selbst ein Vielredner ist, bedeutet dieses nicht automatisch, dass Sie deswegen ebenfalls viel reden dürfen oder gar sollten. Denn möglicherweise will er sich nur besser darstellen und bei Ihnen mit seinen Ausführungen brillieren – oder er kann sich wirklich nicht kürzer fassen, würde es aber gerne tun. Wenn Sie selbst Ihre Botschaften in kurzen knappen Sätzen vermitteln und viele Aussagen mit Meinungsfragen oder Verständnisfragen abschließen, können Sie als Verkäufer gewöhnlich wenig falsch machen.

Versuchen Sie auf den Kunden aktivierend zu wirken. Damit ist jetzt nicht gemeint, dass der Verkäufer übermotiviert auf den Kunden einreden soll. Ziel ist es vielmehr, beim Kunden ein angemessenes, angenehmes Kopfkino zu starten und die Aufmerksamkeitskurve hoch zu halten. Achten Sie darauf, dass dieser die Hauptrolle spielt – und nicht Sie. Denn eine Frage, die über jedem Kundengespräch unbewusst schwebt ist „Was habe ich davon?" bzw. „Was bringt mir das?". Wenn der Zuhörer für sich keinen entscheidenden Mehrwert sieht und das Gefühl nicht bekommt bzw. beibehält, dass er sich seinem Gesprächsziel nähert bzw. dass das Ganze für ihn interessant ist, dann wird er sich früher oder später Möglichkeiten ausdenken, wie er sich diesem für ihn sinnlosen Gespräch mehr oder weniger diplomatisch entziehen kann.

Um dem Kunden das Zuhören beziehungsweise Verstehen zu erleichtern, sind Formulierungen wie „das bedeutet für Sie" und „das bringt Ihnen" sehr hilfreich. Auch wenn diese Empfehlung allgemein bekannt ist, verlieren sich leider viele Verkäufer immer noch in zu starker Ich-Bezogenheit.

Gerade wenn Sie oder Ihr Kunde unter Stress stehen, kommt nur noch ein Bruchteil der Information an. Ebenfalls schädlich sind Ablenkungen. Das klingt logisch und vielleicht sogar banal, aber wie ist es möglich, dass

- viele Gespräche eher zwischen „Tür und Angel" stattfinden, statt dass einfach einer der Gesprächspartner schon zu Beginn sagt: „Es ist besser, wenn wir uns kurz in einem Nebenraum setzen, denn was ich hier habe, ist sehr wichtig." oder „Ich habe etwas Besonderes mitgebracht, dazu brauche ich ein wenig Platz. Wo können wir uns setzen?"

- so manche Verkäufer ihr Handy beim Kundengespräch dabeihaben, damit sie auch wirklich immer zu erreichen sind? Auch wenn das Telefon auf Stumm geschaltet ist: Wenn das Handy vibriert, merkt es gewöhnlich nicht nur der Handybesitzer. Es wäre doch mehr als ungeschickt, wenn der Verkäufer eine entscheidende Frage stellt, der Kunde denkt nun intensiv nach – und diese Stille wird durch ein Brummen unterbrochen!

- nicht bereits zu Beginn geklärt wird, wie viel gemeinsame Zeit nun tatsächlich zur Verfügung steht? Was spricht dagegen, den Kunden zu Beginn des Gesprächs beispielsweise zu fragen: „Wissen Sie, es gibt ja nichts Schlimmeres für den Kunden, als ein zu viel Zeit kostender Termin. Damit ich mich Ihrer Situation anpassen kann, sagen Sie mir doch bitte: Wie viel Zeit haben Sie für dieses Gespräch eingeplant?"

Meiner Meinung nach ist es sehr hilfreich, wenn generell recht früh zu Beginn des Gesprächs geklärt wird, was das Ziel des Gesprächs überhaupt ist. Vielleicht haben Sie es schon einmal erlebt, dass Sie als Kunde sich gefragt haben „Worauf will der Verkäufer eigentlich hinaus? Was will der von mir? Das will ich doch gar nicht!"

Wenn Sie als Verkäufer schon zu Beginn des Gesprächs gemeinsame Ziele erarbeiten und festlegen, was Sie voneinander wollen und wie Sie sich gegenseitig nützlich sein werden, dann vermeiden Sie ungute Gefühle. Am besten ist es natürlich, gemeinsame Ziele schon am Telefon vorab grob abzustecken. Denn sehr unangenehm und ärgerlich wäre es, wenn Sie als Verkäufer eine Stunde anreisen, dann vielleicht eine weitere Stunde in das persönlichen Gespräch investieren und der Kunde Sie dann mit den Worten verabschiedet: „Das habe ich mir vollkommen anders vorgestellt. Das ist nichts für mich." Denn als Verkäufer werden Sie letztlich nicht für Gespräche bezahlt, sondern für Ihre Verkaufsresultate.

Solche mündlichen Verträge bzw. Vereinbarungen helfen dabei, dass alle Beteiligten sich um Konstruktivität und Ernsthaftigkeit bemühen und Enttäuschungen durch falsche Erwartungen vermieden werden. Zudem ermöglichen sie den Aufbau eines gemeinsamen „roten Fadens". Denken Sie immer daran: Für Kunden ist es nicht unbedingt selbstverständlich, Sie für gute Arbeit garantiert immer mit einem Auftrag zu belohnen. Ich will jetzt nicht unterstellen, dass manche Kunden sich aus Langeweile mit Verkäufern zusammensetzen. Aber bei manchen Kunden ist die Verbindlichkeit im Gespräch wirklich so niedrig, dass Sie Ihre wertvolle Zeit tatsächlich mit anderen Tätigkeiten verbringen sollten. Solche Verträge helfen Ihnen und Ihren Kunden somit letztlich, bewusster und geschickter mit der Zeit umzugehen. Denn was nützen Ihnen Gespräche mit Menschen, die nicht wirklich auch nur annähernd in die gleiche Richtung wollen? Haben Sie nichts Besseres zu tun?

Machen Sie sich vor Gesprächsbeginn darüber Gedanken, wie Sie mögliche mentale Mauern Ihres Kunden schon zu Beginn des Gesprächs schnell einreißen können. Wie verpacken Sie Ihre Informationen so, dass Ihr Gesprächspartner für sich klare Mehrwerte und Nutzen erkennen kann? Mit welchen Fragen werden Sie herausfinden, was dem Kunden wirklich wichtig ist?

Wenn Ihr Kunde erkennt, warum er Ihnen zuhören sollte, also welchen Nutzen er davon hat, dann wird er sich schneller und leichter auf Sie konzentrieren. Je einfacher eine Struktur in den Ausführungen zu begreifen ist (roter Faden), desto leichter werden die Informationen aufgenommen werden können. Wenn eine sinnvolle Struktur nicht erkennbar ist, dann wird das Zuhören unnötig erschwert.

Durch Mitschreiben, Nachfragen und Zusammenfassen signalisiert Ihr Gesprächspartner sein Interesse. Manche halten Mitschreiben für unhöflich und trauen sich deswegen nicht. Vielleicht machen Sie es Ihren Kunden leichter, wenn Sie ihn zum Mitschreiben ermutigen. Sie schreiben doch sowieso mit, oder?

Reflexion/Übung 55

Was werden Sie konkret machen, damit es bei Ihren zukünftigen Gesprächen weniger Ablenkungen gibt? Überlegen Sie sich bitte fünf Maßnahmen. Beachten Sie, dass die möglichen Störfaktoren sowohl für Sie als auch für Ihren Kunden störend sind.

1. _____

2. _____

3. _____

4. _____

5. _____

4.7 Ihre persönliche Zielvereinbarung

Die folgenden fünf Erkenntnisse aus dem vierten Kapitel möchte ich in meinen Alltag übernehmen:

1. _____

_____

_____

2. _____

_____

_____

3. _____

_____

_____

4. _____

_____

_____

5. _____

_____

_____

4.8 Einsendeaufgaben

1. Bitte formulieren Sie je einen Beispielsatz für das Verbalisieren und das Paraphrasieren.

2. Nennen Sie jeweils drei Möglichkeiten, wie Sie im Sinne des „aktiven Zuhörens" auf folgende Situationen professionell eingehen könnten:

   - Der Kunde kommt deutlich schneller als sonst auf Sie zu und wirkt hektisch.
   - Ihr Gesprächspartner ist verdächtig still und wirkt nach innen gerichtet.
   - Ihr Kunde berichtet Ihnen triumphierend, dass sein Auszubildender die Prüfung zum Industriekaufmann als Jahrgangsbester absolviert hat.

5. Kapitel: Wie Sie „Störungen" geschickter behandeln: der Umgang mit Wortbeiträgen

5.1 Ungeliebte Einwände

Als ich mit 19 Jahren mein erstes Auto kaufte und mich nach einem Rabatt erkundigte, schlug der Verkäufer auf den Tisch mit den Worten: „Immer diese Rabatte!" Dennoch habe ich sofort einen Nachlass bekommen.

Hätte er damals zu mir gesagt „Das ist unser Preis. Der ist so in Ordnung", dann hätte ich ihm geglaubt und den Kauf heute vollkommen vergessen gehabt.

Als ich bei einer Kosmetikerin bemerkte: „Oh, seid Ihr teurer geworden?", folgte keine kurze Bestätigung, sondern eine ausführliche „Entschuldigungsgeschichte". So erfuhr ich als Kunde ohne ein weiteres Nachfragen meinerseits, dass der Preis nun schon seit drei Jahren nicht mehr erhöht worden, die Kosten gestiegen seien und man auch jetzt kaum noch etwas verdienen würde. Es wurde mir zudem versichert, dass eine Preiserhöhung nicht leicht gefallen sei.

Das war zwar alles hochinteressant – aber wissen wollte ich das Ganze nun wirklich nicht.

Ein ehemaliger Außendienstkollege hatte nach einem Wettbewerb sein Ziel nur zu 25 Prozent erreicht. Als ich ihn nach dem Grund hierfür fragte, meinte er, dass er immer wieder über den gleichen Einwand stolpere und dann irgendwann keine Lust mehr habe, das Produkt anzubieten. Ich erläuterte ihm, wie er diesen Einwand hätte entkräften können. Auf einmal fiel bei ihm der Groschen: „Ach, das ist ja einfach. Da hätte ich auch drauf kommen können." Doch da war der Wettbewerb bereits vorbei und die nächsten Verkaufswettbewerbe standen an ...

Aus welchen Gründen bringen Kunden Einwände vor und „ärgern" damit Verkäufer? Zum einen möchte der Kunde keinen Fehlkauf tätigen. Je mehr er sich mit dem Kauf einer Sache beschäftigt, umso mehr Informationen hat er gewöhnlich. Dadurch steigen automatisch die Sorgen und Ängste, etwas falsch zu machen. Doch wer möchte schon etwas Falsches oder nicht Optimales kaufen?

Daher ist es ganz normal, dass Kunden den Verkäufer mit Fragen und Ansichten „bombardieren". Häufig ist es viel schlimmer, wenn Kunden gar keine Einwände und Fragen haben. Das wird dann meist der Fall sein, wenn sie gar kein Interesse am Angebot haben und der Verkäufer somit wohl kein Geschäft machen wird. Deswegen sind Einwände Kaufsignale.

Ein Kunde wird einen Einwand selten einfach so anbringen. Vielmehr möchte er zu einem noch offenen Punkt die Meinung des Verkäufers hören. Daher sind Einwände eigentlich nichts anderes als Meinungsbeiträge. Wenn die Antwort des Verkäufers zufriedenstellend ist, dann geht das Gespräch weiter in Richtung Abschluss – andernfalls bleibt es an diesem Punkt hängen. Nun kommt es auf das Geschick des Verkäufers an. Er muss verhindern, dass diese Stagnation nun endgültig ist.

Verkäufer reagieren häufig dann gestresst auf gewisse Einwände, wenn sie aufgrund ihrer bisherigen Erfahrung glauben, dass dieser Einwand nun ein K.o.-Kriterium ist. Wesentlich für den Verkaufserfolg ist die Einstellung des Verkäufers. Ein Verkäufer, der die innere Haltung hat „Mein Angebot ist gut, meine Arbeitsweise ist professionell und die Firma, die ich vertrete, ebenfalls", wird auf die Kundenaussage „Ich glaube nicht an Ihre Zuverlässigkeit!" ganz anders reagieren als ein Verkäufer, der von sich und seinen Leistungen nicht (mehr) überzeugt ist. Ähnlich verhält es sich bei typischen Einwänden. Wenn ein Verkäufer immer wieder an einem bestimmten Kundeneinwand scheitert und diesen nicht wertschätzend entkräften kann, dann kann es schon einmal passieren, dass der Verkäufer beim zwanzigsten Kunden mit dem gleichen Einwand die Augen verdreht und den Kunden innerlich verflucht, weil er nun genau zu wissen meint, dass er auch hier mit höchster Wahrscheinlichkeit nicht verkaufen wird. Meist verkauft er dann auch tatsächlich nicht.

Viele Verkäufer hätten in der Praxis wahrscheinlich nicht einmal dem zwanzigsten Kunden die Möglichkeit gegeben, diesen Einwand vorzubringen, weil sie es so lange gar nicht versucht hätten. Beispielsweise hat ein Verkäufer fünf verschiedene Aktionen für seine Kunden. Sobald er auf zu viele Widerstände stößt, wird er meist die Aufmerksamkeit auf andere Aktionen lenken, die leichter zu verkaufen sind. Sollte ein Verkäuferkollege dennoch beweisen, dass diese Aktion keine Fehlplanung der Zentrale, sondern ein echter Umsatzbringer ist, dann reden sich so manche Durchschnittsverkäufer ein, dass der Kollege eben „komische Kunden" oder „einfach nur Glück" hatte, statt an ihrer Argumentation zu arbeiten.

Wer als Verkäufer zu wenige Möglichkeiten hat, auf „schwierige" Wortbeiträge des Kunden zu reagieren, verkauft sich selbst unter Wert und beleidigt auch schnell den Gesprächspartner. Wenn nicht direkt, dann möglicherweise indirekt. Denn was soll ein Kunde von einem Verkäufer halten, der schon nach dem zweiten „kritischen" Meinungsbeitrag einknickt und den Verkaufsabschluss nicht mehr herbeiführen will? Es ist häufig auch hilfreich, nicht sofort auf den genannten Einwand einzugehen, sondern diesen zu würdigen, den Kunden zur Vermeidung von Missverständnissen um Konkretisierung zu bitten oder ihn nach seinem Lösungsvorschlag zu fragen.

Ich erlaube mir hier einmal eine provokante Frage: Wieso meinen eigentlich manche Verkäufer, dass sich Kunden nicht neuen Produkten, Trends und Technologien verschließen dürfen, wenn sie doch selbst zu bequem sind, alte Hüte zur Seite zu legen und immer noch exakt so verkaufen, wie sie es vor vielen Jahren einmal gelernt haben, obwohl sie derzeit nicht zu den Top-Verkäufern ihrer Firma gehören?

Achten Sie darauf, um welches Nein bzw. um welche Ablehnung des Kunden es sich handelt. Meint er mit dem Nein „Ich will wirklich nicht – bitte akzeptieren Sie meine Meinung!" oder Nein im Sinne von „Da ist mir jetzt noch nicht alles ganz klar, ich brauche noch weitere Informationen!". Es ist selbstverständlich, dass Sie Einwände des Kunden nicht mit Phrasen wegwischen, sondern diese gegebenenfalls auch nach einem konstruktiven Meinungsaustausch akzeptieren können.

Planung ist die geistige Vorwegnahme der Zukunft. Vieles ist im Verkaufsalltag planbar. Besonders die Reaktion von Kunden auf beispielsweise Preisanpassungen, neue Produkte oder Maßnahmen der Kundengewinnung. Je mehr Möglichkeiten der Verkäufer kennt und anwendet, um speziell auf die individuelle Kundensituation einzugehen, desto größer ist die Chance, dass das Gespräch weiter Richtung Gesprächsziel verläuft. Soll heißen: Wenn ein Verkäufer nur zwei Möglichkeiten des Umgangs mit dem Einwand „zu teuer" kennt, verkauft er mit hoher Wahrscheinlichkeit weniger, als wenn ihm fünf Möglichkeiten zur Verfügung stehen würden. Denn im letzteren Fall könnte er individueller auf die Kundensituation eingehen.

Egal wie merkwürdig der geäußerte Einwand für Sie klingt: Wenn der Kunde diese Meinung hat, dann hat er diese. Deswegen ist es wenig geschickt, ihm mit Verständnislosigkeit oder Ungeduld zu begegnen. Dennoch passiert es im Verkaufsalltag, dass Verkäufer zum Kunden sagen: „Ja, können Sie denn nicht lesen!" oder „Das habe ich Ihnen vorhin schon einmal erklärt. Aber wir können gerne noch einmal bei Adam und Eva anfangen." Besserwisserei in Form von „Sie können mir da schon glauben. Ich bin da Fachmann." oder „Die paar Cent Preiserhöhung machen Sie wohl auch nicht arm." ist ebenfalls unangemessen, kann aber dem einen oder anderen gestressten Verkäufer vielleicht doch mal über die Lippen kommen. Falls Sie jetzt schmunzeln und sich fragen: „Wer würde denn so was sagen?", dann bedenken Sie bitte, dass solche Botschaften nicht unbedingt direkt ausgesprochen werden müssen, um vom Kunden so aufgefasst zu werden.

Zusammengefasst bedeutet das: Ein Kunde möchte die Sicherheit haben, dass er sein Geld in die richtige Sache investiert, damit seine individuellen Wünsche und Bedürfnisse erfüllt werden. Genau aus diesem Grund stellt er häufig mehrere Fragen oder äußert Bedenken, denn wer möchte schon gerne einen Fehlkauf tätigen? Wenn nun der Verkäufer diese Fragen nicht als Bereicherung und Kaufsignale auffasst, sondern als störende und lästige Einwände, dann wird manch ein Kunde sehr schnell sein Interesse verlieren, weil er die Abneigung und den inneren Stress des Verkäufers spürt und aus den Antworten mehr das Risiko als die Chance interpretiert. Für alle Beteiligten ist es somit besser, wenn der Verkäufer lösungsorientierte Verhaltensweisen kennt und anwendet.

Reflexion/Übung 56

Wie würde es auf Sie wirken, wenn Sie an einer Sache interessiert sind, Ihr Ansprechpartner mit seinen Antworten aber nicht klar auf Ihre Fragen eingeht? Würden Sie noch gerne kaufen, wenn Sie spüren, dass der Verkäufer Ihre Fragen nur ungern oder sogar gar nicht beantwortet? Hätten Sie noch Interesse, wenn Sie nach der dritten Frage merken, dass Sie dem Verkäufer lästig sind und er anscheinend Besseres zu tun hat, als auf Sie einzugehen? Überlegen Sie bitte, ob Sie Ihrem Kunden vielleicht auch schon einmal dieses Gefühl gegeben haben. Was können Sie daraus für sich lernen?

_____

_____

_____

_____

_____

_____

Im Verkauf wird zwischen Einwand und Vorwand unterschieden. Dabei kann man nicht generell sagen, dass beispielsweise die Aussage „Ich habe keine Zeit" ein Vorwand ist und „Zu teuer" ein Einwand. Denn es kommt auf die Situation an: Wenn der Kunde die Aussage ernst meint, dann handelt es sich dabei um einen Einwand. Dieser Einwand beschäftigt den Kunden. Er kann aus seiner Sicht noch keine vernünftige Entscheidung treffen, weil dieser Punkt seiner Einschätzung nach dagegenspricht.

Bei einem Vorwand handelt es sich um eine diplomatische Notlüge. Besonders dann, wenn wir Menschen gut kennen, wollen wir diese nicht verletzen. Darum sagen wir oft Dinge, die gut klingen, aber nicht unbedingt den Nagel auf den Kopf treffen. Vielleicht erinnert Sie folgende Beispielsgeschichte an bereits erlebte Kaufabenteuer: Ein Mann will Kleidung kaufen. Die nun ausgewählte Hose gefällt ihm. Jetzt fragt er nach dem Preis, und dieser fällt deutlich höher aus als er investieren möchte. Da der Kaufinteressent aber das Gefühl hat, dass der Preis unveränderbar ist und keine Rabatte möglich sind, wird er nun wahrscheinlich – Ausnahmen bestätigen die Regel – nicht „Das ist mir zu teuer!" sagen. Häufige Vorwände in solchen Situationen sind dann „Ich muss mir das Ganze noch einmal überlegen!" oder „Mir gefällt der Schnitt nicht, haben Sie noch etwas anderes?" oder „Interessant. Mir ist die Meinung meiner Partnerin sehr wichtig. Ich komme noch einmal wieder, und dann soll sie mit mir gemeinsam entscheiden." Wenn der Verkäufer nun auf die vom Kunden geäußerten diplomatischen Notlügen so eingeht, als ob sie der Wahrheit entsprächen, dann wird es problematisch. Je länger nun der Verkäufer kreative Lösungen für den Vorwand „Ich muss mir das noch einmal überlegen" aufzeigt, umso unangenehmer wird die Situation für den Kunden. Warum? Weil der Kunde es sich nicht überlegen wollte, sondern für ihn die Entscheidung, nicht zu kaufen, bereits feststand. Der Kunde wird mit jedem weiteren Versuch des Verkäufers, diese Aussage zu entkräften, denken „Warum nimmt er meine Notlüge für bare Münze und merkt nicht, dass er einen unverschämt hohen Preis verlangt?"

Während sowohl Einwände als auch Vorwände im Verkaufsgespräch mit ein wenig Geschick überwunden werden können, wird dieses bei Tabu-Einwänden nicht möglich sein. Bei Tabu-Einwänden handelt es sich um Werte und Normen. Wenn jemand beispielsweise ein überzeugter Vegetarier ist, und Sie wollen ihm Fleischwaren zum Eigenverzehr verkaufen, dann können Sie viele rhetorische und verkäuferische Taktiken anwenden – Sie werden hier nicht weiterkommen. Eher im Gegenteil: Je aktiver Sie gegen Tabu-Einwände vorgehen, desto aggressiver wird gewöhnlich der Gesprächsverlauf. Es gibt nun mal manche Einstellungen und Ansichten, bei denen eine wertschätzende Kommunikation nicht weiterführt. Wenn Sie auf solche Situationen stoßen, dann respektieren Sie diese Einstellungen und Prinzipien, finden eventuell mit ein oder zwei Fragen heraus, ob es wirklich Tabu-Einwände oder doch nur Vorwände sind, und verkaufen gegebenenfalls etwas anderes oder gehen zum nächsten Kunden. Tabu-Einwände kommen auch dann zum Tragen, wenn Kunden den Verkäufer persönlich nicht leiden können und deswegen nicht kaufen wollen. Es ist nun einmal so: Manche Menschen sind uns schon gleich zu Beginn unsympathisch – da können die Firma und das Angebot noch so gut sein. Doch welcher Kunde würde schon zugeben, dass er einen anderen Verkäufer wünscht, weil er den ihm zugedachten Ansprechpartner nicht ausstehen kann? Wahrscheinlich die wenigsten.

Blicken Sie kurz zurück und überlegen Sie, welche Einwände in Ihrem Verkaufsalltag vorkommen. Oder anders gefragt: Welche Einwände könnten realistischerweise bei zukünftigen Gesprächen kommen? Berücksichtigen Sie dabei alle drei Haupteinflussgrößen, die Einwänden Nährboden geben: Ihre Firma, Sie als Person und Ihr jeweiliges Produkt bzw. Ihre Dienstleistung.

Achten Sie darauf, dass Sie nicht für die gleichen Einwände andere Formulierungen aufschreiben, sondern wirklich unterschiedliche Einwände.

1. _____

2. _____

3. _____

4. _____

5. _____

6. _____

7. _____

8. _____

9. _____

10. _____

Interessanterweise sind die Einwände, egal aus welcher Branche diese kommen, sehr ähnlich bzw. fast immer die gleichen.

Bevor ich auf Techniken eingehe, möchte ich einen Sachverhalt betonen, den meiner Ansicht nach viele Verkäufer unterschätzen. Da es aber immer wieder Verkäufer gibt, die ihren Weiterbildungsschwerpunkt nahezu ausschließlich auf Einwandbehandlungs- und Abschlusstechniken legen, ist dieser Hinweis sehr wichtig.

Typische Probleme mancher Verkäufer:

1. Sie reden an den Kunden vorbei, sodass der Kunde sie nicht versteht oder nicht von ihnen aktiviert wird.

2. Sie wissen selbst nicht genau, was der Kunde von ihrem Angebot hat, und sie können den Kunden somit von Anfang an nicht genügend begeistern und mitnehmen.
3. Sie verbiegen sich beim Gespräch, weil sie sogar mit Kunden aufgrund von Firmenvorgaben (beispielsweise Gesprächsleitfäden) so sprechen müssen, wie sie in ihrem normalen Leben nie sprechen würden. Durch ihre unauthentische Präsentation und Kommunikation bauen sie Widerstände auf, die sie nicht hätten, wenn sie das Gespräch authentisch führten.

Sollten Sie in nahezu jedem Gespräch auf viele Einwände stoßen, dann haben Sie sehr wahrscheinlich insgesamt Schwächen in Ihrem Gesprächsverlauf. Je weniger Einwände der Kunde im gesamten Gesprächsverlauf nennt, desto besser ist die Gesprächsatmosphäre und umso höher ist die Wahrscheinlichkeit, gute Verkaufsresultate zu erzielen. Es ist sogar möglich zu verkaufen, ohne dass der Kunde überhaupt an Einwände denkt – sprichwörtlich dann, wenn das Angebot wie „die Faust aufs Auge" passt. Das wird sicherlich nicht in jedem Verkaufsgespräch mit jedem Interessenten so sein, doch vielleicht haben Sie als Kunde oder als Verkäufer solche Situationen ebenfalls erlebt. Meistens sind das sogar die schönsten Geschäfte – sowohl für den Kunden als auch für den Verkäufer.

Wenn Sie bei den Themen Vorbereitung, Nutzenformulierung und Fragetechniken sehr stark sind, dann werden Sie es kaum mit Einwänden geschweige denn Vorwänden zu tun haben. Deshalb sehen Sie die Thematik Einwandbehandlungstechnik als i-Tüpfelchen. Die Basis eines jeden guten Verkaufsgesprächs für weniger Einwände sind allerdings die anderen Bausteine. Falls Sie also viele Einwände bekommen, dann werden Sie nicht dadurch deutlich erfolgreicher, dass Sie alle hier genannten Einwandbehandlungstechniken beherrschen, sondern nur, indem Sie die unter den Stichworten genannten Themenbereiche leben. Oder wie würden Sie sich fühlen, wenn Sie es mit einem Verkäufer zu tun hätten, der aus irgendwelchen Gründen viele Widerstände bei Ihnen hervorruft – er aber jeden ihrer Einwände mit einer anderen Einwandbehandlungstechnik zu „bekämpfen" versucht und wegen seiner unangenehmen Hartnäckigkeit zwischen ihnen beiden eine immer höhere Mauer aufbaut – statt sie abzureißen?

Reflexion/Übung 57

Bitte überlegen Sie sich, in welchen Situationen in Ihrem Verkaufsalltag zurzeit viele Einwände kommen bzw. Sie anscheinend den Kunden im Gespräch „verlieren". Schreiben Sie dazu die jeweiligen Situationen auf, und machen Sie sich Gedanken, an welcher Stelle Sie Ihren Gesprächsverlauf optimieren können, sodass zukünftig weniger Einwände entstehen.

_____

_____

_____

_____

_____

Einwände von Vorwänden unterscheiden

Mein Telefon klingelt. Es ist ein Call Center am Apparat. Eine Dame möchte mir wieder Wein verkaufen. Ich habe vor einigen Jahren dort sogar schon einmal Wein bestellt. Irgendwie mag ich die Frau, daher will ich ihr nicht sagen „Bitte rufen Sie mich nicht mehr an!" – aber kaufen will ich auch nichts. Also was soll ich tun? Ich sage ihr etwas Nettes, zum Beispiel: „Leider möchte ich meinen Kunden dieses Jahr keinen Wein schenken, ich habe schon etwas anderes für meine Kunden. Denn ich kann ja nicht jedes Jahr das Gleiche schenken." Die nette Dame am anderen Ende der Leitung ist verständnisvoll und fragt, ob sie sich in drei Monaten wieder melden dürfe. Ich höre mich „Ja" sagen und überlege nun nach dem Gespräch, was ich in diesem Jahr meinen Kunden eigentlich schenken soll.

Verrückt, aber so etwas passiert im Verkaufsalltag immer wieder. Es wird etwas gesagt, was der Verkäufer für die Wahrheit hält – obwohl sich der Kunde schon längst – auch langfristig – gegen diesen Lieferanten oder diese Lösung entschieden hat. Letztlich rauben Vorwände und Ausreden allen Beteiligten viel Zeit und Energie. Deswegen ist es so wichtig für den Verkaufserfolg herauszufinden, ob der Kunde einen Einwand oder einen Vorwand äußert.

Mit folgenden Fragen können Sie die Aussage hinterfragen, um festzustellen, ob der Kunde einen Einwand oder einen Vorwand geäußert hat:

- „Gibt es außerdem noch etwas, dass Sie davon abhält, die Ware zu nehmen?"
- „Gibt es sonst noch etwas, dass Sie zögern lässt, bei mir zu bestellen?"
- „Hält Sie sonst noch etwas anderes davon ab, mit mir ins Geschäft zu kommen?"

Wenn nun der Kunde ein klares „Nein" sagt, dann wissen Sie, dass der soeben vom Kunden geäußerte Punkt ein Einwand ist. Sollte er einen weiteren Punkt nennen, dann ist dieser letztgenannte Punkt der Einwand und die Aussage, die Sie hinterfragt haben, der Vorwand.

Isolieren Sie diesen Einwand mit einer hypothetischen Frage:

- „Mal angenommen, wir finden in diesem Bereich eine Lösung, kommen wir dann jetzt ins Geschäft?"
- „Gesetzt den Fall, dass wir bei diesem Punkt eine Lösung finden, kaufen Sie dann?"

Folgender Dialog soll Ihnen helfen, diese Technik leicht in den Alltag zu integrieren:

Kunde: „Das sind mir zu viele Dosen!"

Verkäufer: „Gibt es außer der Menge noch etwas anderes, was Sie vom Kauf abhält?"

Kunde: „Na ja, ich möchte zwar gerne den guten Preis, aber die Rechnung fällt mir ehrlich gesagt etwas zu hoch aus."

Verkäufer: „Das bedeutet, wenn wir bei den Zahlungsmodalitäten eine Lösung finden, dass Sie dann die besprochene Menge nehmen würden, um den bestmöglichen Preis zu bekommen?"

Kunde: „Ja!"

Verkäufer: „Prima, dann machen wir das mit der Rechnung folgendermaßen: ..."

Bei dieser Technik ist es sehr wichtig, dass Sie die Aussage nicht zu scharf hinterfragen. Manche Kunden werden sich ein wenig „ertappt" fühlen, wenn Sie deren Vorwand wie aus der Pistole geschossen hinterfragen. Deswegen empfehle ich Ihnen, diese Fragen gegebenenfalls ein wenig zu verpacken und in einem einzelnen Gespräch auch nicht jede Aussage des Kunden so zu hinterfragen. Beispielsweise hätte der Verkäufer bei einem sehr sensiblen Kunden im Beispieldialog auch sagen können: „Ja, das sehe ich auch so. Es sind tatsächlich einige Dosen. Wir beide haben gerade gemeinsam ermittelt, dass Sie durchaus eine solche Menge vertragen könnten. Ich würde Ihnen gerne dabei helfen, dieses Angebot wahrzunehmen. Damit ich das kann – gibt es denn sonst noch etwas, was Ihnen außer der Menge Bauchschmerzen bereitet?"

Reflexion/Übung 58

Mit welchen Fragen wollen Sie herausfinden, ob der Kunde einen Einwand oder einen Vorwand genannt hat? Bitte nehmen Sie die hier genannten Fragen als Beispiel und formulieren Sie sie so um, dass Sie zu Ihrer Persönlichkeit passen.

_____

_____

_____

_____

_____

Einwände vorwegnehmen

Es gibt manchmal Situationen im Verkauf, die Einwände wahrscheinlich machen. In manchen Branchen ist es beispielsweise üblich, dass der Außendienst bereits im Februar oder März Weihnachtsartikel als Präsente für die Kunden des Kunden verkaufen will. Die wenigsten Kunden werden im Frühjahr sagen: „Schön, jetzt wieder über Weihnachten zu reden! Was darf ich kaufen?" Die typischen Kundenaussagen werden eher sein: „Das verschieben wir auf Oktober, dann ist immer noch genug Zeit" oder „Sind Sie verrückt – wir haben noch nicht einmal wieder Sommer gehabt!".

Bei Kaltbesuchen werden ebenfalls viele potenzielle Kunden gegenüber dem fremden Verkäufer, der nun gerade das Geschäft oder Büro betritt, die gleichen Aussagen bzw. Denkhaltungen äußern: „Wir sind zufrieden!", „Wir haben bereits einen Lieferanten!" oder „Wir möchten nicht wechseln!"

Was ist also zu tun? Wenn diese Einwände nicht gleich zu Beginn wirksam entkräftet werden, dann werden sie gewöhnlich früher oder später doch kommen. Es ist immer geschickter, wenn der

Kunde die Einwände nicht offen ansprechen muss, sondern der Verkäufer diese von sich aus thematisiert. Wenn der Verkäufer die Einwände anspricht, die der Kunde denkt oder sagen möchte, dann fühlt sich der Kunde verstanden und wird neugierig.

Daher ist es sehr geschickt, garantiert aufkommende Einwände von sich aus als Verkäufer anzusprechen – und zwar recht früh zu Beginn des Gesprächs. Wenn dieses gelingt, dann kommen diese Einwände im Gesprächsverlauf auch nicht wieder auf den Tisch. Bei der Anwendung dieser Technik ist es wichtig, dass Sie das Ganze so verpacken, dass der Kunde für sich trotz des Einwandes einen Nutzen sehen kann.

Die beiden vorangegangenen „Probleme" könnten folgendermaßen entkräftet werden: „Sehr wahrscheinlich denken Sie, dass es jetzt noch viel zu früh ist, wieder über das Weihnachtsgeschäft zu sprechen. Doch jetzt mal Hand aufs Herz: An Weihnachten können wir uns beide noch gut erinnern – trotzdem ist das nun auch schon wieder drei Monate her. Die Zeit vergeht wie im Fluge – und es ist nun mal so: Weihnachten ist bald wieder da – ob wir beide wollen oder nicht. Wenn wir uns jetzt kurz damit beschäftigen, dann können wir das Thema abhaken. Sie bekommen garantiert die von Ihnen und Ihren Kunden gewünschte Produkte, die Sie brauchen, im Oktober ausgeliefert und haben später nicht mehr den Stress und Druck, das Richtige für Ihre Kunden zu finden. So haben Sie den Kopf frei für andere Dinge, während andere dann händeringend das Passende suchen. Wenn wir jetzt die Bestellung machen, dann ist das einfach für mich und einfach für Sie, denn wir beide haben dann alles in trockenen Tüchern."

Sie können daran anschließen mit „Ich habe hier die Liste Ihrer bestellten Kundengeschenke dabei, haben diese gereicht?" oder mit einer klassischen Meinungsfrage: „Was halten Sie davon, wenn wir uns beide kurz überwinden, dann aber den Kopf frei haben für andere Dinge?"

Bei der Neukundengewinnung wäre mit dieser Methode folgender Weg denkbar: „Ich gehe davon aus, dass Sie einen Lieferanten haben, dass Sie zufrieden sind und dass Sie nicht wechseln möchten – schätze ich die Situation richtig ein?" Der Kunde wird sehr wahrscheinlich mit „Ja" antworten. Es ist immer besser, ein Ja vom Kunden zu bekommen als ein Nein, denn Bejahungen bringen das Gespräch und den Verkauf weiter.

Sie wissen selbst – und falls nicht, dann gehen Sie bitte noch einmal zurück auf das Thema Nutzenformulierung –, was Ihre Kunden an Ihnen, Ihren Produkten und Ihrer Firma schätzen. Nennen Sie nach Ihrer Einwandvorwegnahme doch einfach mal drei solcher Punkte und fragen Ihren Kunden dann nach seiner Meinung: „Viele unserer zufriedenen Kunden schätzen an der Zusammenarbeit mit uns, das sie Mehrwert 1, Mehrwert 2 und Mehrwert 3 bekommen und dadurch Nutzen 1 und Nutzen 2 erhalten. Wie denken Sie über diese Punkte?"

Falls er ablehnend oder negativ antwortet, fragen Sie ihn einfach nach seiner Einschätzung: „Damit ich Ihre Zeit nicht unnötig verschwende und Ihnen konkret nützlich sein kann – was sind denn für Sie wichtige Punkte bei der Zusammenarbeit mit Ihrem Lieferanten?" oder „Ich kann Sie verstehen. Sie möchten einen Lieferanten, mit dem Sie schon sehr lange eine gute Geschäftsbeziehung pflegen, nicht einfach austauschen, nur weil jetzt mal wieder ein potenziell Neuer auftaucht. Doch mal angenommen, ich könnte Ihnen wirklich Dinge aufzeigen, von denen Sie deutlich profitieren können, würden Sie sich dann mit mir austauschen?"

Reflexion/Übung 59

Bitte machen Sie sich darüber Gedanken, wie Sie diese Einwandbehandlungstechnik für sich nutzen können. Wo kommen bei Ihnen immer wieder Einwände auf? Wie könnten Sie diese vorwegnehmen? Wie geht dann das Gespräch bei Ihnen weiter?

_____

_____

_____

_____

_____

5.2 Kunden „erlösen"

Mit jedem Besuch desselben Kunden lernen Sie diesen besser kennen. So sagt die innere Stimme des Verkäufers auch des Öfteren, ob der Kunde noch „auf Kurs" ist oder ob er wohl gleich eine ablehnende Haltung einnehmen wird. Vielleicht kommt Ihnen deswegen folgende Situation bekannt vor:

Der Verkäufer macht seine Präsentation, zeigt Nutzen und Möglichkeiten auf und stellt eine Abschlussfrage, nachdem er ziemlich sicher ist, dass der Kunde das Produkt will. Nun ist der Kunde am Zug. Doch statt spontan „Ja" zum Auftrag zu sagen, merkt er, wie der Kunde jetzt hin- und hergerissen ist zwischen Kaufen oder Nichtkaufen. Der Verkäufer meint zu wissen, dass das Los im Zweifelsfalle dann auf Nichtkaufen fallen wird.

Wie kann es hier zukünftig mehr in Richtung Abschluss gehen? Häufig wissen Sie als Verkäufer, welche Punkte den Kunden noch vom Kauf abhalten könnten. Wenn Sie beispielsweise einen Kunden haben, der oftmals finanzielle Probleme hat, und Sie ihn mit einer Neuigkeit verführen möchten, dann ist seine finanzielle Situation sehr wahrscheinlich das Kaufhindernis. Oder wenn Sie eine sehr hohe Menge angeboten haben und Sie aufgrund seines bisherigen Bestellverhaltens wissen, dass der Kunde so viel nie kauft, dann wird dieses wohl ein Grund sein, das Angebot nicht umzusetzen. Trotzdem wird nicht jeder Kunde Ihnen sofort seine Wahrheit sagen, denn es geht ja auch um einen möglichen Gesichtsverlust.

Bei dieser Technik sprechen Sie von sich aus ganz offen an, was den Kunden Ihrer Ansicht nach jetzt noch vom Kauf abhält. Wichtig ist, dass Sie diese Technik erst dann anwenden, wenn der Kunde schweigt und Ihre innere Stimme dann sagt: „Gleich springt er ab!"

Verkäufer: *„Wollen Sie vier Einheiten à zwölf Dosen zum Sonderpreis nehmen?"*

Kunde: Schweigt.

Verkäufer: Schweigt.

Kunde: Schweigt.

Verkäufer: *„Ist es die Menge, die Sie noch vom Kauf abhält?"*

Kunde: *„Ja, genau."*

Verkäufer: *„Was ist denn dann für Sie eine realistische Menge?"*

Kunde: *„Drei Einheiten"*

Verkäufer: *„Das heißt, wenn wir uns auf 36 einigen, dann nehmen Sie das Angebot?"*

Kunde: *„Ja!"*

In diesem Beispielfall hätte es auch sein können, dass der Kunde auf die Frage „Ist es die Menge, die Sie noch vom Kauf abhält?" mit „Nein!" antwortet. Wenn er von sich aus nicht mehr Details zu seiner Haltung preisgibt, dann fragen Sie ihn einfach: „Ich habe das Gefühl, irgendetwas hält Sie davon ab, das Angebot anzunehmen. Was ist es?" Auf diese Frage würde er dann mit dem Einwand antworten, der ihn gerade beschäftigt. Vielleicht wird er sagen, dass er nicht genug Lagerplatz hat, kein Geld in dieses Angebot investieren möchte, die Menge nicht zeitnah umsetzen wird oder etwas anderes. Nun können Sie auf diesen neuen Punkt eingehen und ihn wertschätzend lösen – sehr wahrscheinlich wird der Kunde dann gerne bei Ihnen kaufen können und wollen.

Diese Technik wird Ihnen speziell dann in der Praxis sehr helfen, wenn Sie anderenfalls fürchten müssen, dass der Kunde Ihnen kurz vor dem Abschluss doch noch Vorwände nennt, warum er jetzt nicht bei Ihnen kaufen will. Denn die wenigsten Kunden werden von sich aus offen ansprechen, wo sie Probleme sehen. Oder würden Sie immer offen und ehrlich zugeben, dass Sie beispielsweise gerade finanziell ein wenig klamm sind? Oder Sie die falschen Mitarbeiter in Ihrem Betrieb beschäftigen, die das wirklich gute Konzept, das der Verkäufer gerade aufzeigt, leider nicht umsetzen können oder wollen?

Reflexion/Übung 60

Schreiben Sie auf, in welchen Situationen Ihnen diese Technik nützlich sein wird. Überlegen Sie, wann Sie in ähnlichen Situationen waren, bei denen Ihnen diese Technik enorm weitergeholfen hätte. Planen Sie, wie Sie zukünftig die Erkenntnisse aus dieser Methode umsetzen werden:

_____

_____

_____

_____

_____

_____

5.3 Das „große Ganze" sehen

Vor einiger Zeit wollte ich mir für meine selbstständige Tätigkeit als Verkaufstrainer ein Auto kaufen. Als angestellter Verkäufer im Außendienst hatte ich knapp elf Jahre lang einen Firmenwagen. Nun würde ich bald wieder einen Firmenwagen haben – diesmal allerdings von meiner eigenen Firma. So stand ich dann in einem Autohaus und schaute mir ein Modell an, das mir recht gut gefiel. Doch plötzlich fielen mir die Türgriffe auf. Sie zeichneten sich, wenn ich mir den Wagen von vorne ansah, extrem deutlich ab. Natürlich gingen die Außenspiegel weiter nach außen, aber dennoch empfand ich die Türgriffe als sehr groß und klobig. Dies teilte ich dann auch sofort dem auf mich zukommenden Verkäufer mit. Ich weiß nicht genau, warum, aber er sagte ausschließlich zu mir: „Ja, das stimmt. Die Türgriffe sind wirklich etwas außergewöhnlich." Da habe ich dann zu ihm gesagt, dass wir uns lieber ein anderes Neuwagenmodell vom gleichen Hersteller ansehen sollten. Der Verkäufer willigte sofort ohne zu zögern ein, und schon ging es nicht mehr um ein Auto für 35 000 Euro, sondern nur noch um ein Auto für 25 000 Euro. Da waren die Türgriffe nicht so auffallend – die Ausstattung aber auch nicht. Dennoch kaufte ich diese Alternative.

Vielleicht mochte der Verkäufer meinen Favoriten selbst nicht und hat mich deswegen gerne zu einem anderen Modell begleitet. Es kann aber auch sein, dass er diese Aussage schon öfters gehört hatte – und nicht wusste, wie er damit geschickt umgehen sollte. Möglicherweise hat er auch irgendwo einmal gehört, dass man nicht mit dem Kunden diskutieren solle und einen Kunden in seiner Ansicht bestärken müsse. Aber falls diese Strategie sein Konzept war, dann hat es in meinem Fall nicht dazu beigetragen, 35 000 Euro im Autohaus zu lassen.

Was hätte hier geholfen? Einige Monate später habe ich beim Grillen erfahren, dass versenkte Türgriffe nicht mehr erlaubt sind, weil solche Türen im Notfall nicht so leicht zu öffnen sind. Der Verkäufer hätte diese Information in unserem Gespräch verwenden können: „Die Türgriffe fallen auf dem ersten Blick wirklich etwas auf. Ich habe mich auch schon gefragt, warum der

Designer so etwas gemacht hat. Aber es ist so: Eine Zeitlang war es modern, dass die Autos versenkte Türgriffe hatten. Doch dann bemerkte man, dass solche Türen im Notfall, wenn beispielsweise der Wagen im Seitengraben liegt, schwerer zu öffnen sind als Türen mit einem normalen Türgriff. Daher sind Türgriffe, die nach außen gehen, zu Ihrer Sicherheit Pflicht. Doch schauen Sie mal bitte hier, ..."

Hätte der Verkäufer meine Wahrnehmung nun gezielt auf positive Merkmale dieses Autos gerichtet, dann hätte ich mich gerne etwas länger mit dem Wagen auseinandergesetzt – und möglicherweise gekauft. Sicherlich, die Türgriffe wären auch nach fünf Monaten nicht unbedingt schöner geworden. Doch mit weiteren Information hätte er mir wertvolle Details gegeben, die es mir leichter gemacht hätten, meine subjektive Bewertung der Türgriffe von einem Minus in ein Neutral zu verwandeln. Spätestens dann, wenn ich andere Punkte, die mir gefallen, gefunden beziehungsweise gezeigt bekommen hätte, hätte ich mit Leichtigkeit über dieses „Manko" hinwegsehen können.

Sie können diese Methode auch anwenden, indem Sie mit „einerseits" und „andererseits" arbeiten und die entsprechenden Argumente verwenden: „Ja, möglicherweise sind die Türgriffe einerseits ein wenig auffallend. Doch andererseits geht es hier ja nicht um einzelne Türgriffe, sondern um das Auto als Ganzes. Und da schauen Sie sich bitte mal an, wie ..."

Selbstverständlich gibt es auch noch viele andere Formulierungen, mit denen Sie einen negativen Punkt auffangen und ins Verhältnis zu einem positiven Punkt setzen können:

- „Ja, diese Meinung habe ich schon öfters gehört. Ich habe mich deshalb schlau gemacht, weil ich diese Meinung sehr gut nachvollziehen konnte, und bin zu folgendem interessanten Ergebnis gekommen ..."

- „Allerdings, das sehe ich auch so. Wenn es für Sie in Ordnung ist, dann lassen wir diesen Punkt kurz beiseite. Denn es fällt noch etwas anderes auf, schauen Sie mal hier ..."

- „Ja, ich befürchte, dass es nichts auf der Welt gibt, dass objektiv von allen Interessenten 100 Punkte für alle Eigenschaften bekommen wird. Aber was sagen Sie zu diesem Punkt hier …(und dabei auf eine andere Eigenschaft deutend)?"

Wenn Sie diese Einwandbehandlungstechnik beherrschen wollen, dann ist es sehr wichtig, dass Sie stets den Blick für das Wesentliche und Ganze behalten – und dem Kunden dabei helfen, diese Perspektive auch einzunehmen.

Reflexion/Übung 61

Überlegen Sie sich jetzt, welche dicken Pluspunkte für Ihr Angebot, Ihre Firma oder für Sie sprechen, um gegebenenfalls schnell ein attraktives Gegengewicht zum Kundeneinwand in die Waagschale legen zu können:

_____

_____

_____

_____

_____

5.4 Nachfragen

> Mit Begeisterung zeige ich dem Kunden ein Angebot. Er scheint mir aufmerksam zuzuhören. Ich habe das Gefühl, dass nun das Wesentliche gesagt ist und stelle die Abschlussfrage. Doch der Kunde hat plötzlich Einwände, wie „Das ist nichts für mich!", „Das wollen meine Mitarbeiter nicht!" oder „Das muss ich mir noch einmal überlegen."

Es kann sehr schnell passieren, dass ein Verkäufer, der sich mit seiner Materie sehr gut auskennt, ohne böse Absicht während des Kundengesprächs zu viel voraussetzt oder bestimmte Punkte und Nutzen nicht genügend hervorhebt. Wenn der Verkäufer zwischendurch nicht ausreichende Zwischenfragen – wie beispielsweise „Was halten Sie davon?" oder „Ist das für Sie auch ein wichtiger Punkt?" – stellt, dann ist die Gefahr groß, dass sich Kunde und Verkäufer zunehmend voneinander entfernen, statt sich näherzukommen. Noch größer ist diese Gefahr, wenn der Kunde von Anfang an mangels Problembewusstseins und Kundenergründung sowieso eigentlich gar nicht weiß, worauf der Verkäufer hinauswill beziehungsweise was ihm das Ganze bringt.

Nicht jeder Kunde wird sofort einhaken und fragen: „Moment, da habe ich etwas nicht verstanden!" oder gar sagen: „Damit können Sie gleich aufhören. Das interessiert mich nicht." Viele sind artig und hören zu, denn zahlreiche Kunden sind lange Monologe von Verkäufern gewohnt und entscheiden sich schon recht früh, ob Sie weiterhin aufmerksam zuhören wollen, weil sie Interesse haben, oder abschalten und sich andere Gedanken machen.

Doch was können Sie tun, wenn Sie den Kunden im Gespräch „verloren" haben? Fragen Sie ihn einfach. Dazu ist es häufig nicht sehr geschickt, dem Kunden Fragen zu stellen, wie beispielsweise „Warum nicht?", „Wie kommen Sie denn darauf?" oder „Wieso nicht?". Diese zwingen den Kunden, sich zu rechtfertigen. Doch der Kunde soll sich nicht rechtfertigen, er soll Ihnen auf Augenhöhe erklären können, wo es derzeitig „hakt".

Dazu bieten sich beispielsweise folgende wertschätzende Formulierungen an:

- „Ich habe so das Gefühl, dass ich Sie noch nicht ganz überzeugen konnte. Was haben wir noch nicht besprochen?"

- „Das Sie dazu nicht ‚Ja' sagen können, irritiert mich ein wenig. Ich vermute, dass ich auf einen bestimmten Punkt, der Sie beschäftigt, noch nicht eingegangen bin – welcher ist es?"

- „Entschuldigen Sie bitte. Anscheinend habe ich vor lauter Begeisterung für dieses Angebot irgendwie etwas bei der Präsentation übersehen. Was bringt Sie zu dieser Aussage?"
- „Was fehlt, damit Sie ‚Ja' sagen können?"
- „Was müsste denn erfüllt sein, damit Sie sich grundsätzlich für diese Thematik interessieren?"
- „Wie müsste es sein, damit Sie der Sache grundsätzlich zustimmen können?"

Bitte geben Sie sich dann nicht gleich mit der erstbesten Antwort des Kunden zufrieden. Haken Sie nach mit „Haben Sie noch weitere Bedenken?" oder „Gibt es noch weitere Gründe?"

Natürlich kann es auch wichtig sein, bei gewissen Kundenaussagen genauer zu werden:

- „Was meinen Sie mit ‚alle'?"
- „Meinen Sie mit ‚unseren Kunden gefällt das nicht' wirklich alle – oder können Sie sich vorstellen, dass möglicherweise doch hier und da Chancen bei Ihren Kunden bestehen?"

Reflexion/Übung 62

Formulieren Sie ein paar Fragen dazu, wie Sie in Ihrem Verkaufsalltag wertschätzend nachfragen wollen, um Punkte im Kundendialog besser verstehen zu können.

_____

_____

_____

_____

_____

_____

5.5 Fakten einsetzen

Es ist ganz normal, dass Kunden dem Verkäufer gegenüber leichte Vorbehalte haben, wenn es um die Glaubhaftigkeit der angebotenen Leistungen geht. Denn schließlich weiß der Kunde, dass es die Aufgabe des Verkäufers ist, an sein Geld im Austausch gegen Leistung zu kommen. Kann es sein, dass der Verkäufer sein Angebot vielleicht in einem zu guten Licht erscheinen lassen will, damit der Kunde kauft? Eine gewisse Skepsis ist sicherlich normal und auch angebracht – doch wie kann hier geschickt vorgegangen werden? Es wäre doch schade, wenn der Anbieter wirklich eine sehr passende Lösung für den Kunden hat, der Kunde aber wegen minimaler Restzweifel dann aber doch nicht davon profitiert, weil er nicht kauft.

Es gibt Kunden, die entscheiden selbst für sich (interne Referenz) und andere, die sich erst bei anderen Personen absichern müssen, bevor sie sich entscheiden (externe Referenz). Speziell die Letztgenannten werden Sie mit Fakten, die Ihre Aussagen untermauern, leichter überzeugen.

Bevor Sie mit Fakten arbeiten, fragen Sie den Kunden vorab: „Mal angenommen, ich könnte Ihnen Referenzen von namhaften Firmen zeigen, die mit unserem Produkt sehr gut arbeiten, würde Sie das überzeugen, das Angebot anzunehmen?" Diese Frage ist wichtig, um mehr Verbindlichkeit in das Gespräch zu bekommen, denn anderenfalls besteht die Gefahr, dass der Kunde ohne Ihre Frage sagt: „Ja, das ist ja schön und gut – aber überzeugen tut mich das auch nicht." Falls der Kunde auf Ihre Frage mit „Nein" antwortet, dann fragen Sie ihn, was ihn denn dann überzeugen wird. Sollte er erwidern, dass ihn nichts überzeugen wird, dann fragen Sie nach, vielleicht mit „Oh. Da ist mir dann irgendwie etwas entgangen. Über was haben wir noch nicht gesprochen?"

- **Referenzen**

  Zitate mit Namen des Referenzgebers wirken deutlich besser als nur ein Blatt mit vielen Logos von Firmen. Am wirksamsten ist natürlich das Firmenlogo mit dem Zitat und dem Zitierenden. Je bekannter die Marke oder der Referenzgeber sind, desto stärker bauen Sie Vertrauen auf.

- **Bewertungen und Rezensionen auf Internetportalen**

  Wo informieren sich Ihre Kunden nach Vergleichsmöglichkeiten? Gibt es dort Kommentare, wie beispielsweise bei Hotels und Büchern üblich?

- **Fotos**

  Bilder in Prospekten wirken schnell gestellt und sind gewöhnlich auch retuschiert. Doch wie wäre es, wenn Sie Fotos zeigen, auf denen Ihr Produkt bei einem anderen Kunden in Einsatz ist beziehungsweise war. Sie könnten beispielsweise Vorher- und Nachher-Fotos zeigen, die Sie selbst gemacht haben.

- **Filme**

  Speziell auf Ihrer Webseite sind Filme sehr nützlich – aber vielleicht können Sie während des Gesprächs auch Informationen in Filmform auf Ihrem Laptop zeigen. Wichtig ist, dass wirklich nur die Dinge gezeigt werden, die für den Kunden auch relevant sind, damit er spürt, dass Ihr Angebot für ihn eine Bereicherung ist.

- **Muster und Proben bzw. Qualitätsmuster**

  Sprechen Sie alle Sinne des Kunden an: Er soll sehen, schmecken, riechen, fühlen und hören! Zeigen Sie nicht nur Bilder, sondern lassen Sie den Kunden das Produkt be-greifen, damit er sich selbst noch besser ein eigenes Bild davon machen kann.

- **Zertifikate**

  Leider wird immer viel daran gesetzt, ein bestimmtes Zeugnis oder Siegel zu bekommen, um danach häufig wieder ins Tagesgeschäft zurückzukehren. Aber dennoch hebt man sich mit bestimmten Zertifikaten immer noch mehr von der Konkurrenz ab.

- **Auszeichnungen**

  Es gibt die verschiedensten Organisationen, die Wettbewerbe durchführen und Preise verleihen.

- **Presseberichte**

  Die wenigsten Redakteure werden einfach so über Ihre Firma oder Ihre angebotenen Leistungen schreiben. Wie wären ein oder besser mehrere redaktionelle Beiträge über Ihr Spezialgebiet in Fachzeitschriften, die Sie selbst schreiben können, sobald Sie vorab einen Redakteur vom Lesernutzen überzeugt haben? Wie wäre es, Vorträge zu halten und hierzu auch die Presse einzuladen, die anschließend über Sie berichtet?

- **Statistiken**

  Kaum einer glaubt gerne einer Statistik, da sie vermutlich immer von irgendeiner Interessengruppe beeinflusst worden ist. Aber dennoch: Wenn Sie Statistiken haben, die Ihre Ausführungen unterstützen und zur Klärung beitragen, dann nehmen Sie auch solche Mittel zur Hilfe.

- **Veröffentlichungen**

  Wenn Sie Bücher bei einem Verlag veröffentlichen, dann zeigen Sie damit Ihre Kompetenz. Viele leiten das Wort „Autor" von Autorität ab.

Sammeln Sie alles, was für Ihr Angebot spricht, und führen Sie das Material beim Kundengespräch stets mit sich. Denn wenn Sie das Gespräch mit den Worten „Prima, ich gehe mal kurz zum

Auto und hole den Referenzordner" unterbrechen, dann unterbrechen Sie den Kontakt so massiv, dass Sie es mit hoher Wahrscheinlichkeit bei Ihrer Rückkehr schwerer haben werden, den Auftrag zu bekommen.

Reflexion/Übung 63

Überlegen Sie, womit Sie Ihre Kunden zukünftig noch besser überzeugen können. Bei welchem Ihrer besten Kunden wollen Sie zuerst nach einer Referenz fragen? Wie könnte es Ihnen gelingen, dass die Presse positiv über Sie berichtet? Wo gibt es Foren, bei denen Sie bei einem Wettbewerb mitmachen könnten, um einen Preis zu bekommen? Ermöglichen Sie es Ihren Kunden, sich vorab schon Referenzen von Ihnen anzusehen, beispielsweise auf Ihrer Webseite. Auch Kunden bereiten sich gern auf ein Gespräch vor.

_____

_____

_____

_____

_____

5.6 Anregungen für Preisverhandlungen

Sobald es um den Preis geht, treten bei vielen Verkäufern Stress und Unbehagen auf. Ein Hauptgrund für diese unguten Gefühle ist, dass diese glauben, ihr Preis sei nicht gerechtfertigt. Kurz: Sie meinen, dass ihr Angebot diesen Betrag nicht wert sei. Dies wird dem Kunden auch durch die Körpersprache signalisiert. Schon alleine dadurch kippt schnell ein bisher gutes Gespräch, und der Kunde wird direkt oder indirekt darauf reagieren müssen.

Wenn Sie es Ihren Kunden leichter machen wollen, Ihre Preise zu akzeptieren, dann müssen Sie sich erst einmal selbst Ihre Preise verkaufen. Immer wieder passiert es, dass die Geschäftsleitung neue Preise beschließt, die Mitarbeiter dann aber mit der Kommunikation an ihre Kundschaft alleingelassen werden. Das führt dazu, dass manche Mitarbeiter das sehr auf Augenhöhe machen – und andere dieses Thema als notwendiges Übel sehen und es entsprechend handhaben. Doch wenn ein Mitarbeiter nicht zu seinem Preis steht, dann ist er leicht angreifbar. Entweder werden Kunden dann schnell ihre Chance wittern und Rabatte einfordern, vielleicht den Preis als Indiz für die Nichttauglichkeit des Angebots werten oder den Preis mit einem gewissen Beigeschmack akzeptieren. Doch ist das Verkaufen auf Augenhöhe?

Nach einem Rabatt wird aus unterschiedlichen Gründen gefragt:

- Häufig geben Verkäufer sowieso nur aufgrund der Frage einen Nachlass.

- Aus Informationsgründen.

- Viele Menschen bereitet es Freude, erfolgreich zu feilschen und zu verhandeln.

- Der Kunde hat tatsächlich nicht mehr Geld und möchte das Angebot dennoch haben.

- Der Kunde will eigentlich keinen Preisnachlass, hat aber Angst, in seinem Freundes- und Kollegenkreis als dumm zu gelten, wenn er zu viel für eine Sache bezahlt.

- Der Kunde hat andere Gründe, „nein" zu sagen – will Sie aber mit einem Preisvorwand „loswerden".

- Der Kunde ist Einkäufer und es gehört zu seinen Aufgabe, nach einem Rabatt zu fragen.

Wenn ein Verkäufer selbst nicht zu seinem Preis steht – wieso sollte dann der Kunde diesen Preis akzeptieren? Häufig haben Verkäufer Mitbewerber im Kopf, die das Gleiche anscheinend ein klein wenig günstiger anbieten können. Doch wenn die „Teureren" es genauso gut machen wie die „Billigeren" – weshalb haben die „Teureren" dann überhaupt noch Kunden?

Reflexion/Übung 64

Durchleuchten Sie bitte verschiedene Branchen. Welche Unternehmen fallen Ihnen ein, die Marktführer sind, obwohl sie höhere Preise haben? Was können Sie daraus für sich lernen?

_____

_____

_____

_____

_____

Reflexion/Übung 65

Überlegen Sie, was Sie wirklich besser oder anders machen als Ihre drei Hauptmitbewerber. Was sagen Ihre zufriedenen Kunden über Sie? Was machen Sie anders? Kommunizieren Sie diese Unterschiede ausreichend?

_____

_____

_____

_____

_____

Speziell beim Preis ist es hilfreich, diesen nicht ausschließlich mitzuteilen, sondern diesen auch angemessen zu verpacken. Vielleicht kennen Sie die Preiskommunikation nach dem Sandwich-Modell, in welchem im oberen und unteren Brötchen Nutzen und Mehrwerte eingepackt sind und dazwischen der Preis. Das ist eine Möglichkeit. Ebenfalls sind Formulierungen wie „Sie bekommen es" oder „Sie erhalten es für" angenehmer als „Es kostet". Vielleicht schmunzeln Sie ein wenig über diese Basic-Tipps – doch überlegen Sie einmal, wie oft Sie Verkäufern begegnen, die beim Kassieren nicht einmal „Bitte" sagen oder die Ihnen den Preis sogar unnötig schlecht verpackt mitteilen.

Den Preis zu verpacken hat auch nichts damit zu tun, dass man nicht zu dem Preis steht. Die Verpackung soll dem Kunden nur helfen, dass diese Investition die innere Waage zwischen Nehmen und Geben nicht zu stark ins Schwanken bringt und ihn dann womöglich nur wegen ein paar Euro vom Kauf abhält – obwohl er von der Lösung stark profitiert hätte.

Reflexion/Übung 66

Wie werden Sie zukünftig auf die Frage „Was kostet das?" antworten?

_____

_____

_____

_____

Sie brauchen Ihre höheren Preise nicht zu verteidigen, sondern nur zu erklären. Gehen Sie einfach davon aus, dass die meisten Kunden die beste Lösung und nicht immer die billigste Lösung wollen und brauchen. Dabei hilft Ihnen die Preisblume: Mal angenommen, das Mitbewerberangebot liegt bei 80 Euro und Ihr Angebot liegt bei 89 Euro. Dann denken Sie bitte daran, dass Sie dem Kunden nicht zu erklären brauchen, weshalb er bei Ihnen 89 Euro bezahlen soll, sondern was er für die Preisdifferenz von neun Euro bei Ihnen anders beziehungsweise mehr bekommt. Denn die 80 Euro hat er mental ja sowieso schon ausgegeben, er sucht jetzt nur noch eine vernünftige Erklärung für die Differenz. Machen Sie deutlich, welchen Zusatznutzen Ihr Kunde für den Mehrpreis erhält.

So könnten Sie dem Kunden beispielsweise erklären, dass Sie die Preisdifferenz von neun Euro ebenfalls sehen, doch auch den Mehrwert 1 und 2. Aus diesem Grund ist der Preis sehr angemessen. Das Angebot stellt dann demzufolge für den Kunden eine gute Wahl dar.

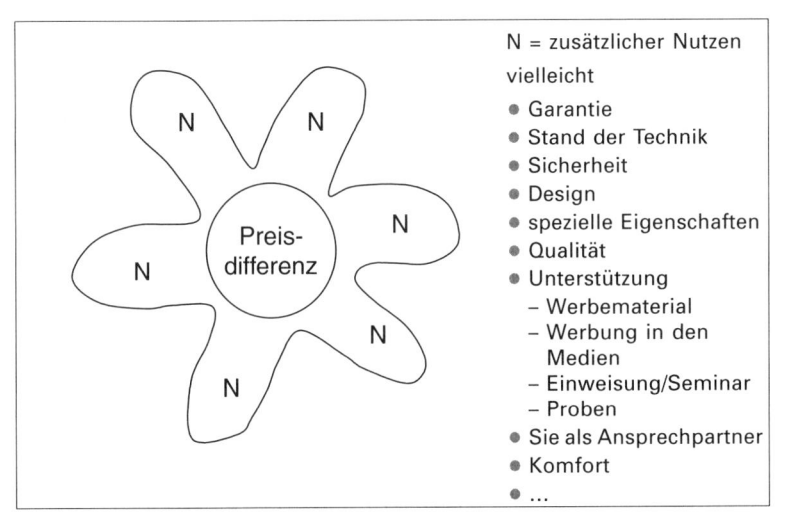

N = zusätzlicher Nutzen vielleicht
- Garantie
- Stand der Technik
- Sicherheit
- Design
- spezielle Eigenschaften
- Qualität
- Unterstützung
  - Werbematerial
  - Werbung in den Medien
  - Einweisung/Seminar
  - Proben
- Sie als Ansprechpartner
- Komfort
- ...

Abbildung 12: Erklären Sie Preisdifferenzen mit Zusatznutzen

Reflexion/Übung 67

Überlegen Sie sich bitte, welche Mehrwerte und Nutzen Sie Ihren Kunden bieten (können), damit er die Preisdifferenz leichter akzeptieren und annehmen kann. An welcher Stelle profitiert er? Welchen Gewinn (Zeitersparnis, Qualität, Sicherheit ...) verspricht sich der Kunde bzw. hat er durch den Kauf wirklich?

_____

_____

_____

_____

_____

Achten Sie verstärkt darauf, dass Sie

- den Preis von sich aus souveräner ins Spiel bringen, statt das eventuelle Preisgespräch so lange zu verschieben, bis sonst alles andere gesagt ist,

- nicht zu schnell Preisnachlässe geben, sonst ist es für den Kunden kein echter Verhandlungserfolg,

- den Preis angemessen verpacken,

- mit Kleinrechnen und Zahlungen in Teilbeträgen ebenfalls viel erreichen können,

- alternativ andere „Bonbons" bereithalten, statt direkt den Preis und somit Ihre Rendite zu senken,

- keine Preisnachlässe ohne Gegenleistung geben,

- den Kunden „festnageln", bevor Sie Preiszugeständnisse machen, beispielsweise mit „Mal angenommen, wir einigen uns beim Preis – kaufen Sie dann jetzt?".

5.7 Ihre persönliche Zielvereinbarung

Die folgenden fünf Erkenntnisse aus dem fünften Kapitel möchte ich in meinen Alltag übernehmen:

1. _____
   _____
   _____

2. _____
   _____
   _____

3. _____
   _____
   _____

4. _____
   _____
   _____

5. _____
   _____
   _____

5.8 Einsendeaufgaben

1. Schreiben Sie Ihre drei gängigsten Einwände auf und wenden Sie darauf drei der hier vorgestellten Strategien an.

2. Der Kunde fragt Sie: „Was kostet das Ganze?" Nennen Sie drei Formulierungen, wie Sie dem Kunden den Preis kommunizieren.

Schlusswort

Liebe Leserin, lieber Leser,

Sie haben nun zahlreiche Informationen, Tipps und Denkanstöße bekommen. Möglicherweise haben Sie hin und wieder gedacht: „Ja, das kenne ich!" Doch bitte vergessen Sie nicht: Kennen ist nicht können!

Damit sich Ihre Investition in dieses Buch in Form von Geld und Zeit noch mehr lohnt, reflektieren Sie in Zukunft bitte verstärkt und regelmäßig. Dabei wird Ihnen nachfolgende Tabelle helfen. Stellen Sie sich nach jedem Gespräch folgende Fragen:

Kunde:	**Datum:**
Welche Gesprächsziele habe ich erreicht, die ich vorher definiert habe?	
Was habe ich im Gespräch gut gemacht?	
Was ist mir weniger gut gelungen?	
Habe ich dem Kunden Wertschätzung entgegengebracht?	
Habe ich genügend geschwiegen und wirklich zugehört?	

Wie war die Chemie zwischen uns beiden?

Habe ich mit meinen Fragen alles Wichtige herausgefunden?

Konnte ich seine Einwände wertschätzend entkräften?

War ich gut genug vorbereitet?

Wie war das Zeitmanagement?

Was lerne ich aus diesem Gespräch für das nächste Gespräch mit ihm?

Welche Erkenntnisse ziehe ich generell aus diesem Gespräch?

Schauen Sie kontinuierlich, was gut klappt und was weniger gut. Geben Sie nicht auf, wenn etwas mehrmals nicht funktioniert. Es ist ganz normal, dass nicht auf Anhieb alles hundertprozentig klappt. Haben Sie Ausdauer und entwickeln Sie eine Freude daran, an Ihrer Persönlichkeit und Ihrem Verkaufsstil zu arbeiten. Denn es ist Ihr Leben.

Probieren Sie auch andere Formulierungen und neue Vorgehensweisen aus. Schauen Sie öfters in dieses Buch, erledigen Sie die Einsendeaufgaben oder tauschen Sie sich mit Ihren Kollegen und Freunden aus. Bleiben Sie am Ball und entwickeln Sie Ihre

Kompetenz, sodass Sie noch bewusster und leichter auf Augenhöhe kommunizieren und verkaufen.

Ich wünsche Ihnen große Erfolge und gute Verkaufsresultate.

Oliver Schumacher

Literaturquellen

Allhoff, Dieter-W./Allhoff, Waltraud: *Rhetorik & Kommunikation: Ein Lehr- und Übungsbuch*, 15., aktualisierte Auflage, München, 2010.

Bänsch, Axel: *Käuferverhalten*, 9., durchgesehene und ergänzte Auflage, München, 2002.

Berne, Eric: *Spiele der Erwachsenen: Psychologie der menschlichen Beziehungen*, 11. Auflage, Reinbek bei Hamburg, 2002.

Berne, Eric: *Was sagen Sie, nachdem Sie Guten Tag gesagt haben? Psychologie des menschlichen Verhaltens*, 20. Auflage, Frankfurt/Main, 2007.

Birkenbihl, Vera F.: *Rhetorik: Redetraining für jeden Anlass: Besser reden, verhandeln, diskutieren*, 13. Auflage, München, 2010.

Brunner, Anne: *Die Kunst des Fragens*, 3. Auflage, München, 2009.

Dietze, Ulrich: *TQS – Total Quality Selling: Der sichere Weg zu konjunkturunabhängigem Wachstum*, Offenbach, 2007.

Euler, Marcus: *Back to Basic – Verkaufen heute: Es kann so einfach sein*, Göttingen, 2010.

Faulbaum, Frank/Prüfer, Peter/Rexroth, Margrit: *Was ist eine gute Frage?: Die systematische Evaluation der Fragenqualität*, Wiesbaden, 2009.

Görgen, Frank: *Kommunikationspsychologie in der Wirtschaftspraxis*, München, 2005.

Gordon, Thomas: *Managerkonferenz: Effektives Führungstraining*, aktualisierte Neuausgabe, München, 2005.

Gührs, Manfred/Nowak, Claus: *Das konstruktive Gespräch: Ein Leitfaden für Beratung, Unterricht und Mitarbeiterführung mit Konzepten der Transaktionsanalyse*, 6. unveränderte Auflage, Meezen, 2006.

Händel, Daniel/Kresimon, Andrea/Schneider, Jost: *Schlüsselkompetenzen: Reden – Argumentieren – Überzeugen*, Stuttgart, 2007.

Harris, Thomas Anthony: *Ich bin o.k. – Du bist o.k.: Wie wir uns selbst besser verstehen und unsere Einstellung zu anderen verändern können. Eine Einführung in die Transaktionsanalyse*, Reinbek bei Hamburg, 40. Auflage, 2005.

Holzheu, Harry: *Aktiv zuhören – besser verkaufen*, Landsberg am Lech, 2000.

Kindl-Beilfuß, Carmen: *Fragen können wie Küsse schmecken: Systemische Fragetechniken für Anfänger und Fortgeschrittene*, 2. Auflage, Heidelberg, 2010.

Kotler, Philip/Bliemel, Friedhelm: *Marketing-Management*, 10. Auflage, Stuttgart, 2001.

Mitschka, Ruth: *Sich auseinander setzen – miteinander reden: Ein Lern- und Übungsbuch zur professionellen Gesprächsführung*, A-Linz, 2000.

Pabst-Weinschenk, Marita (Hrsg.): *Grundlagen der Sprechwissenschaft und Sprecherziehung*, 2., überarbeitete Auflage, München, 2011.

Rüttinger, Rolf: *Transaktions-Analyse*, 7., durchges. Aufl., Heidelberg, 1999.

Saxer, Umberto: *Bei Anruf Erfolg: Das Telefon-Powertraining für Manager und Verkäufer*, 4., überarbeitete und aktualisierte Auflage, München, 2008.

Saxer, Umberto: *Einwand-frei verkaufen: 21 Techniken, um alle Einwände wirksam und flexibel zu behandeln*, 3., überarbeitete Auflage, München, 2009.

Scherer, Hermann: *Das überzeugende Angebot: So gewinnen Sie gegen die Konkurrenz*, Frankfurt/Main, 2006.

Schlegel, Leonhard: *Die Transaktionale Analyse*, 4., völlig überarbeitete Auflage, Tübingen, Basel, 1995.

Schön, Holger/Königsmann, Andi: *Einwandperformance*, 4 Audio CDs, CH-Lenzburg, 2008.

Schulz von Thun, Friedemann: *Miteinander reden 1: Störungen und Klärungen. Allgemeine Psychologie der Kommunikation*, 46. Auflage, Hamburg, 1981.

Schumacher, Oliver: *Was viele Verkäufer nicht zu fragen wagen – 100 Tipps für bessere Verkaufsresultate im Außendienst*, Wiesbaden, 2010.

Shafir, Rebecca Z.: *Zen in der Kunst des Zuhörens: Verstehen und Verstanden werden,* Kreuzlingen/München, 2001.

Sickel, Christian: *Verkaufsfaktor Kundennutzen: Konkreten Bedarf ermitteln, aus Kundensicht argumentieren, maßgeschneiderte Lösungen präsentieren,* 5., erweiterte Auflage, Wiesbaden, 2010.

Simon, Walter: *GABALs großer Methodenkoffer: Grundlagen der Kommunikation,* Offenbach, 2004.

Stewart, Ian/Joines, Vann: *Die Transaktionsanalyse – Eine Einführung,* Freiburg im Breisgau, 10. Auflage, 2010.

Stolle, Ralf/Herrmann, Michael: *Angebotsmanagement professionell: Erfolgreich vom Angebot bis zum Vertragsschluss,* Berlin, 2006.

Watzlawick, Paul/Beavin, Janet H./Jackson, Don D.: *Menschliche Kommunikation: Formen, Störungen, Paradoxien,* 11., unveränderte Auflage, CH-Bern, 2007.

Weisbach, Christian-Rainer/Sonne-Neubacher, Petra: *Professionelle Gesprächsführung: Ein praxisnahes Lese- und Übungsbuch,* 7. vollständig überarbeitete Auflage, München, 2008.

Werth, Jacques/Ruben, Nicholas/Franz, Michael: *High Probability Selling – Verkaufen mit hoher Wahrscheinlichkeit: So denken und handeln Spitzenverkäufer!,* 3. Auflage, Göttingen, 2009.

Stichwortverzeichnis

20-Prozent-Gesetz 131
55-38-7-Regel 132

Angebote, schriftliche 106
Angebotsverfolgung 108
Antreiber 21 f.

Berne, Eric 15
Blake, Robert R. 61
Blickkontakt 145
Branchenstrukturanalyse 64
Bühler, Karl 47

Einstellung 111
Einwände 159
Eltern-Ich 18 f.
Erlauber 22
Erwachsenen-Ich 28 f.

Frageformen 79
Fragen 81
– Abschlussfragen 112
– Alternativfrage 113
– Auswirkungsfragen 96, 98
– geschlossene 81
– lineare 91
– Nutzenfragen 96, 99
– offene 81
– Problemfragen 96, 98
– reflexive 93
– Skalierungsfragen 93
– strategische 91
– zirkuläre 92
Fragetrichter 101
Fremdbild 51

Freud, Sigmund 68
Fünf-Kräfte-Modell 64

G*ordon, Thomas* 56

H*arris, Thomas Anthony* 15

I*ngham, Harry* 51

Johari-Fenster 51

Kaufkonflikte 66
Kindheits-Ich 24 f., 27
Kommunikationsmodelle 47
Kommunikationsquadrat 47
Kommunikationssperren 54
Kundenergründung 101

Lebensanschauung 25 f.
Luft, Joe 51

Motivation 111
Mouton, Jane 61

Nutzen 68

Paraphrasieren 135
Porter, Michael Eugene 64
Preis 185
Preisblume 188
Preisverhandlungen 185

S*chulz von Thun, Friedemann* 47
Schweigen 123, 128
Selbstbild 51

Störungen 159

Testabschluss 115
Tomm, Karl 91
Transaktion
 – parallele 31
 – Überkreuz-Transaktion 33
 – verdeckte 36
Transaktionsanalyse 13, 15, 41
Transaktionsformen 30
Tugenden 59
Tumult 35

Verbalisieren 135
Verhalten 13
Verkaufsstile 61
Verkaufstrichter 102
Vier-Ohren-Modell 47

Watzlawick, Paul 47

Zuhören 121
 – aktives 137, 148
Zusatznutzen 189

Der Autor

Oliver Schumacher hat viele Jahre lang erfolgreich im Verkaufsaußendienst gearbeitet. In seiner über zehnjährigen verantwortlichen Tätigkeit in der Beauty Branche lernte er die typischen Alltagsprobleme vieler Verkäufer und Kunden kennen und spricht ihre Sprache.

Sein theoretisches Wissen erwarb sich Oliver Schumacher in zahlreichen Weiterbildungen. So besuchte er nebenberuflich nicht nur viele Verkaufsseminare, sondern absolvierte gleichzeitig mehrere Trainerprüfungen und schloss kürzlich sein Fernstudium zum Diplom-Betriebswirt ab. Derzeit ist er an der Universität Regensburg für das Lehrgebiet „Mündliche Kommunikation und Sprecherziehung" eingeschrieben und strebt dort berufsbegleitend seinen Master-Abschluss an.

2010 erschien im Gabler Verlag sein erstes Buch „Was viele Verkäufer nicht zu fragen wagen – 100 Tipps für bessere Verkaufsresultate im Außendienst".

Kontakt:

Oliver Schumacher
Katharinenstraße 3
49809 Lingen/Ems

Tel.   0591-6104416
mobil   0151-26705555
online www.verkaufsresultate.de
        schumacher@verkaufsresultate.de

Für Ihren Verkaufserfolg

Jetzt das vertriebliche Potenzial nutzen!

Auf welche vertrieblichen Erfolgsfaktoren sollen Unternehmen setzen, um die Zukunft zielgerichtet zu gestalten? In diesem Buch präsentieren Experten aus Forschung, Beratung und Praxis Rück-, Ein- und Ausblicke zum Verkaufen in schwierigen Zeiten.

Lars Binckebanck (Hrsg.)
Verkaufen nach der Krise
Vertriebliche Erfolgspotenziale der Zukunft nutzen – Strategien und Tipps aus Forschung, Beratung und Praxis
2011. 238 S. mit 59 Abb. Br.
EUR 34,95
ISBN 978-3-8349-2383-7

Nie wieder Frust beim Verkaufen

Verkaufen ist für die meisten Menschen unangenehm und mit Stress verbunden. Viele sagen deshalb: Verkaufen kann ich nicht. Oder haben ein schlechtes Gewissen, weil sie glauben, als Verkäufer müssten sie andere über den Tisch ziehen oder manipulieren. Dabei stimmt einfach die Vorgehensweise nicht. Gaby S. Graupner zeigt eine grundlegend neue Verkaufsmethode. Der Schlüssel: klare Vereinbarungen. Verbindliche Aussagen auf beiden Seiten. Ergebnisse – auch das Nein des Kunden – akzeptieren. Mit dieser Methode macht Verkaufen richtig Spaß!

Gaby S. Graupner
Verkaufe dein Produkt, nicht deine Seele
Kunden ernst nehmen – Verkaufschancen erhöhen – Gespräche führen ohne Druck
2010. 174 S. Br.
EUR 29,95
ISBN 978-3-8349-2328-8

Mehr Umsatz in schwierigen Zeiten

Es gibt Bücher, die nützliches Fachwissen für Vertrieb und Verkauf bieten. Es gibt Bücher, die neue Wege der Kundengewinnung aufzeigen. Es gibt Bücher, die Unternehmern und Verkäufern mehr Sinn in ihrer Arbeit vermitteln. – In diesem Buch finden Sie all das vereint.

Roland Löscher
49 schnelle Wege zum Umsatzwachstum
Kurze Tipps für dauerhaften Erfolg
2010. 175 S. Br.
EUR 26,95
ISBN 978-3-8349-2382-0

Änderungen vorbehalten. Stand: Februar 2011.
Erhältlich im Buchhandel oder beim Verlag
Gabler Verlag . Abraham-Lincoln-Str. 46 . 65189 Wiesbaden . www.gabler.de

GABLER